TOM NA FAZENDA

CB071129

Michel Marc Bouchard

TOM NA FAZENDA

Tradução Armando Babaioff

COLEÇÃO DRAMATURGIA

Cobogó

Originalmente publicado em francês como *Tom à la ferme*

© 2011, Leméac Éditeur (Montreal, Canadá)

Todos os direitos reservados

Para produções profissionais ou amadoras, por favor entre em contato com Agence Goodwin, rua Sherbrooke Est, 839, bureau 200, Montreal, Quebec, H2L 1K6.
Tel.: (514) 598-5252 – e-mail: artistes@agencegoodwin.com

SUMÁRIO

Apresentação

Conheci esse texto em 2014, depois de uma conversa com meu amigo Egídio La Pasta Jr., que me contava sobre um longa-metragem dirigido pelo canadense Xavier Dolan. Eu disse que não tinha visto e ele achou que eu poderia gostar, mas o que me chamou a atenção foi quando Egídio me contou que o longa era baseado numa peça de teatro e ambos tinham o mesmo nome: *Tom na fazenda*. Pedi a ele que não me contasse mais nada. Eu já tinha colocado na cabeça que não queria ver o filme, eu queria ler a peça. Quando cheguei em casa, fui à caça do texto na internet, encontrei uma edição digital e li numa tacada só. Fiquei fascinado com a história do jovem Tom, que viaja ao interior para o funeral de seu namorado e encontra uma série de surpresas e conflitos.

Terminei a leitura e logo comecei a tradução do texto. Eu queria contar essa história no teatro. Enquanto reescrevia em português as falas dos personagens que revelavam suas idiossincrasias em cada frase, busquei o contato do autor da peça, Michel Marc Bouchard. Em pouco tempo, eu estava com os direitos comprados para produzir a obra, que veio a se tornar realidade três anos depois.

Bouchard é considerado um dos principais dramaturgos do Canadá e nunca havia sido montado no Brasil. Tive a felicidade de conhecê-lo em 2015, quando fui a Montreal para o Festival des Films du Monde representar um filme que havia feito como ator. Ficamos amigos ali. O teatro tem dessas coisas – promove o encontro entre pessoas e abre o caminho para novas amizades. No dia 23 de março de 2017, Bouchard estava na plateia do Teatro Oi Futuro Flamengo para prestigiar a estreia da montagem brasileira.

No ano em que revisei o texto de *Tom na fazenda*, 343 seres humanos foram assassinados no Brasil pelo simples fato de serem quem eram. Mata-se mais homossexuais no nosso país do que nos 13 países do Oriente e da África, onde há pena de morte para a população LGBT, segundo o relatório de 2016 elaborado pelo Grupo Gay da Bahia (GGB).

O sexo e a procriação são da natureza, mas a sexualidade é produto da evolução da cultura humana, tão plural e diversa. É parte da nossa identidade, do que temos de mais valioso, porque nos aproxima e, nessa aproximação, temos a certeza de que não estamos sós. Mas por que se morre por conta da sexualidade? Onde está a nossa parcela de responsabilidade? Não me sai da cabeça o jovem Itaberli Lozano, que aos 17 anos foi assassinado a facadas, três, no pescoço, e teve seu corpo incinerado e enterrado em um canavial pela própria mãe e pelo padrasto, na cidade de Cravinhos, no interior de São Paulo, em 2017. A mãe não aceitava a homossexualidade do filho. Não consigo não pensar em Dandara dos Santos, travesti cearense morta a pauladas, espancamento e tiros, no mesmo ano.

Está tudo tão esquisito no mundo lá fora que o único lugar que não me faz perder a esperança é aqui dentro, no teatro. O teatro é a minha fé, a minha proteção. Ele me traz conforto, mas não me acalma. O teatro me inquieta. Uma inquietação que está relacionada ao meu convívio com o mundo, o lá de fora.

Tom na fazenda trata dos efeitos da homofobia na vida das famílias, mas também de amor, de coragem, de covardia. É um texto sobre a verdade e a mentira de ser quem somos. Fala de mim, de você e de todos nós. Ao mostrar uma realidade que transcende fronteiras, a peça escrita em francês, em Montreal, torna-se uma obra universal. Eu tive a sorte de poder entrar nesse universo, e agora divido a experiência com você neste livro.

Armando Babaioff

Prefácio

Perder alguém de repente é como um fio que se arrebenta, rompendo os laços com outra pessoa, o homem que se foi. O instinto de sobrevivência assume o controle e então as peças não reveladas da vida tentam se juntar a outras também não desvendadas. Pouco importa com quem ou com o quê. Outras pessoas – um irmão, um filho, um amante – são sinônimos de quem não está mais aqui.

Após a morte acidental de seu namorado, tentando entender o que aconteceu, Tom vai até o interior para conhecer seus sogros, que são totalmente estranhos a ele. Nesse ambiente rural austero, o neófito na vida encontra-se emaranhado em uma história onde os sinônimos são apenas uma sucessão de mentiras.

O amante – o amigo, o filho, o irmão, o morto sem nome – deixou para trás uma fábula entrelaçada de falsas verdades que, de acordo com seus diários adolescentes, foram essenciais para sua sobrevivência porque, nesse mesmo cenário rural, um jovem já havia arruinado a vida de um outro jovem, que amava um outro rapaz. Como numa tragédia antiga, anos mais tarde, esse drama determina o destino de Tom.

A adolescência é um período no qual a personalidade de um indivíduo parte da sua infância para se tornar um adulto. Essa evolução começa com a maturidade sexual e termina na maturidade social. Esse é o ponto crucial na vida, quando os ditados da normalidade têm o efeito mais devastador naqueles que vivem à margem.

Todos os dias, jovens gays são vítimas de agressão na escola, em casa, no trabalho, em campos de jogos, tanto em áreas urbanas como rurais. Todos os dias eles são insultados, excluídos, atacados, ridicularizados, humilhados, feridos, espancados, tachados, desonrados, isolados, enganados. Uns se recuperam, outros não. Alguns criam mitos sobre suas próprias vidas.

Homofobia não é um assunto ultrapassado como alguns gostariam de acreditar, especialmente aqueles que estão cansados de ouvir sobre isso ou aqueles que acreditam que a mídia realmente está cobrindo o problema. Como tantos outros assuntos, alguém tem que cuidar deste.

Experimentei vários finais felizes para esta peça, mas histórias de reconciliação facilmente nos aliviam da nossa responsabilidade para encontrar soluções para os conflitos. A moral dessas histórias é pré-fabricada.

Deixei-me propor que todos nós possamos emprestar uma orelha para a dor de amor, de alguma forma, todos os dias.

Homossexuais aprendem a mentir antes mesmo de aprender a amar. Nós somos mitômanos corajosos.

Michel Marc Bouchard

TOM NA FAZENDA

Michel Marc Bouchard

Tradução Armando Babaioff

Tom à la ferme foi montado pela primeira vez em 11 de janeiro de 2011, no Théâtre d'Aujourd'hui, em Montreal, Canadá:

Tom: Alexandre Landry
Agathe: Lise Roy
Francis: Éric Bruneau
Sara: Évelyne Brochu

Diretora artística
Marie-Thérèse Fortin

Direção
Claude Piassant

Tom na fazenda teve sua estreia no Brasil em 23 de março de 2017, no Teatro Oi Futuro Flamengo, no Rio de Janeiro:

Tom: Armando Babaioff
Ágatha: Kelzy Ecard
Francis: Gustavo Vaz
Sara: Camila Nhary

Direção
Rodrigo Portella

Cenografia
Aurora dos Campos

Iluminação
Tomás Ribas

Figurino
Bruno Perlatto

Direção musical
Marcello H.

Guitarras e violões
Jr. Tostoi e Marcello H.

Preparação corporal
Lu Brites

Coreografia
Toni Rodrigues

Programação visual
Bruno Dante

Hair stylist
Ezequiel Blanc

Assistente de cenografia
Manu Libman

Assistente de figurino
Luísa Marques

Direção de produção
Sérgio Saboya e Silvio Batistela

Produção executiva
Milena Monteiro

Assistente de produção
Pri Helena

Mídias sociais
Egídio La Pasta

Produção
Galharufa Produções

Idealização
Armando Babaioff – ABGV Produções Artísticas

Atores substitutos
Analu Prestes (Ágatha) e Gustavo Rodrigues (Francis)

PERSONAGENS

TOM: Um jovem da cidade, publicitário, sofisticado. Vinte e poucos anos. Namorado do falecido.

ÁGATHA: Fazendeira, religiosa e afetuosa. Mãe do falecido e de Francis.

FRANCIS: Fazendeiro, violento, um solitário. Tem trinta anos. Irmão do falecido.

SARA: Estilista, colega de trabalho de Tom.

CENÁRIO

A ação se passa nos dias de hoje. Uma fazenda de gado leiteiro em algum lugar do interior. Cozinha, sala, quarto, celeiro, milharal, vala das vacas mortas, porta-malas de um carro e cemitério.

NOTA SOBRE A ENCENAÇÃO

As falas que Tom dirige a si mesmo ou para o seu falecido namorado não deverão ser dirigidas como apartes tradicionais ao público. Tom deve expressar essas falas interagindo continuamente com os outros personagens. O público entende, por meio da reação dos outros personagens, o que Tom está realmente dizendo.

QUADRO UM

À noite. A cozinha. A melodia de uma música pode ser ouvida do lado de fora.

Tom está sentado, vestindo um elegante sobretudo preto.

TOM: Forro de madeira. Duas águas. Janela. Piso de lajotas vermelhas. Galões de leite. Um fogão à lenha com chaminé. Balcão. Um micro-ondas. Tapete. Mesa. Quatro cadeiras. Manteiga. Manteiga sobre a mesa. Uma mancha. Amarela, suja, mole. Eu não consigo tirar os olhos dela. Eu imagino uma mosca pousando nessa faca. Finalmente eu consigo pensar em outra coisa. Eu acabei de dizer que estou pensando em outra coisa e as outras coisas voltaram a me assombrar com muito mais força. A me perseguir. A me atormentar. Essa mosca que não vai embora.

Tempo.

TOM: Eu consigo imaginar você aqui, pequeno. Usando esta cadeira pra alcançar a despensa por um biscoito ou um copo de leite. Você usando esta cadeira pra escalar a despensa e sua mãe dizendo alguma coisa do tipo: "Desce daí, menino. Você é muito pequeno. Garoto! Desce já! Você vai acabar se machucando!"

Tempo.

TOM: Eu me sento na sua cadeira. Isso não tá funcionando. Eu tô na sua casa e isso não tá dando certo.

ÁGATHA: [*entrando*] Você poderia me dizer o que está fazendo na minha casa?

TOM: [*surpreso*] Tudo o que eu tinha era o seu endereço. Eu vim dirigindo até aqui sem parar. E, olha, era muito mais distante do que eu imaginava. O GPS do meu carro não parava de repetir: "Recalculando a rota, Recalculando a rota!"

ÁGATHA: Você era um dos seus amigos?

TOM: Eu sou Tom. Tom. Tom que não pode se levantar, que não pode ficar em pé, que não pode se endireitar. Tom pregado a esta cadeira. Acorrentado, preso, contido, soldado, colado a esta cadeira. Tom que deveria segurar sua mão. Tom que deveria te dar um abraço.

ÁGATHA: Desculpe a bagunça. Nós não somos nós mesmos nesses dias. A morte dele não era esperada. O almoço depois da cerimônia. Tem que saber quantas pessoas.

TOM: Eu não consegui achar um hotel.

ÁGATHA: Hotéis ao redor daqui só abrem no verão, e quando eu digo "verão", eu quero dizer das oito da manhã do dia 21 de dezembro até as oito da noite do dia 22 de dezembro. Não tem turistas suficientes. Eles até tentaram visitas guiadas na fazenda. Quando você viu um, você já viu todos.

Você tem um carro bonito.

TOM: Eu não sei lidar com isso. Eu sou jovem demais pra isso. Jovem demais. Eu sou sensível demais. Sensível. Delicado. Eu odeio sofrer. Meus sentimentos, senhora. Meus sentimentos, senhora. Eu deveria ter começado por isso. [*se aproxima*] Meus sinceros sentimentos, senhora.

Ágatha aperta sua mão mecanicamente.

ÁGATHA: Me chame de Ágatha. Estou feliz que você esteja aqui, Tom.

TOM: Ela disse meu nome. Ela me chamou pelo meu nome. A distância entre nós diminuiu.

ÁGATHA: Engraçado, ele nunca falou de você para mim.

TOM: A distância entre nós está de volta. Ele "nunca falou de mim"? Tom, diga qualquer coisa. Qualquer coisa. Eu quase atropelei um boi. Um macho com chifres enormes. Atravessando a estrada.

ÁGATHA: Tire seu casaco.

TOM: E aí ela vai me dizer: "Volte então de onde você veio! Atropele esse boi. Morra na estrada!" Eu tiro meu casaco.

ÁGATHA: Que bom que você veio, Tom.

TOM: Ele nunca falou de mim?

ÁGATHA: Nós nunca ouvimos falar de seus amigos. Eu estava aqui pensando, talvez ele não tivesse nenhum.

TOM: O boi apareceu do nada.

ÁGATHA: Um garoto inteligente como ele era... deve ter feito inveja a muita gente.

TOM: Eu poderia ter sofrido um acidente.

ÁGATHA: [*Tocando seu rosto*] Eu não quero que você me diga que vai embora amanhã. Era o que ele sempre me dizia quando chegava: "Vou embora amanhã!" Mas você não. Você vai ficar.

TOM: Não, eu não sei.

ÁGATHA: Você vai dizer algumas palavras no funeral. Você fala bonito. Se você disser algumas poucas palavras, as pessoas daqui vão pensar que o meu filho foi um homem bom.

TOM: Eu preparei alguma coisa.

ÁGATHA: Você é um rapaz bonito, Tom.

TOM: Ela continua repetindo o meu nome, como se tentasse me fazer real.

ÁGATHA: Um belo peixe! Eu devo descongelar um ou dois para você?

TOM: Eu não tenho fome. Eu não tenho fome.

ÁGATHA: Um ou dois?

TOM: Dois.

ÁGATHA: O irmão dele que pescou.

TOM: Quem?

ÁGATHA: O irmão dele!

TOM: A música parou.

ÁGATHA: Ah, a ordenha acabou.

TOM: Você tinha um irmão?

ÁGATHA: Francis?! Eu vou descongelar no micro-ondas. O barulho do micro-ondas te incomoda? O Francis cuida da fazenda desde que o meu marido morreu.

TOM: Ela está falando comigo.

ÁGATHA: Quarenta e oito vacas leiteiras.

TOM: Ela tá falando comigo. São 48 vacas leiteiras.

ÁGATHA: Vacas são coisas diárias. Toda manhã. Toda tarde. Até mesmo no Natal.

TOM: Prestar atenção.

ÁGATHA: E aos domingos, se você quiser sair, tem que ordenhar primeiro. E quando voltar pra casa de noite, a mesma coisa, tudo de novo.

TOM: Você tinha um irmão?

ÁGATHA: E o que você faz da vida, Tom?

TOM: Anda, responda a ela.

ÁGATHA: Tom?

TOM: Eu sou designer gráfico numa agência de publicidade. Eu disse isso, assim, na cozinha de uma fazenda leiteira, com o som de um micro-ondas no fundo, eu sei, isso soa ridículo. Uma agência de publicidade. *House music*, os estalos dos saltos altos, a fragrância de John Galliano, Issey Miyake. *House music*, salto alto, Miyake. Minhas palavras se espatifam nas paredes da cozinha, uma após a outra. *House music*, salto alto, Miyake. Eu trabalhei com ele.

ÁGATHA: Sério?

TOM: Na mesma agência.

ÁGATHA: Na mesma agência!

TOM: É, nós éramos colegas.

ÁGATHA: Vocês eram colegas?

TOM: É. Colaboradores, colegas de trabalho, amigos.

ÁGATHA: Vocês eram amigos!

TOM: É, vamos começar por isso.

ÁGATHA: Você prefere passado na manteiga ou frito?

TOM: Frito! Na manteiga! Como preferir!

ÁGATHA: Você vai dormir na cama dele.

TOM: Eu não sei.

ÁGATHA: Os lençóis estão limpos.

TOM: Não, eu não sei.

ÁGATHA: Eu lavo os lençóis uma vez por mês. Mesmo que ninguém durma neles.

TOM: Ela limpou a mancha de manteiga da mesa e agora só me resta a história do boi, e eu não posso falar disso pra sempre.

ÁGATHA: Eu não sei por quê, mas eu não gritei quando vi você. Eu deveria. Uma mulher entra em casa e encontra um estranho...

TOM: É isso, tudo o que eu preciso fazer é ir embora e me tornar um estranho de novo.

ÁGATHA: A única pessoa que deveria ter vindo não está aqui.

TOM: Quem é a "pessoa que deveria ter vindo"?

ÁGATHA: Isso não está certo, isso não está certo... Eu não sei se é para ser moderno, mas eu cuspo sobre isso.

TOM: Quem é a "pessoa que deveria ter vindo", hein? Meu Deus, existem muitas manchas aqui.

ÁGATHA: Francis deixa suas impressões digitais sujas em todos os lugares.

TOM: É isso, é isso! Eu me confundi de casa. Eles estão de luto aqui também, mas eu me confundi de casa.

ÁGATHA: Você está usando o perfume dele.

QUADRO DOIS

Tom está tirando a roupa. Ele está usando uma camiseta e cuecas de grife. Um quarto com duas camas de solteiro.

TOM: "Tira a roupa. Anda. Tira a roupa, vai. Não, começa pela calça. Vai. Isso. Assim. Você gostava disso. Agora a camisa, vai. Tira a camisa. Não, devagar, mais devagar que isso, assim, isso, desse jeito. Agora levanta os braços, vai mais pro alto, assim. Me mostra seu sovaco. Isso. Agora coloca as mãos na sua barriga. Acaricia sua barriga, vai. Mais pra baixo. Mais para baixo".

Tempo. Ele cai. Ágatha canta.

TOM: Eu consigo ouvir a sua mãe chorando no banheiro. O peixe está nadando rio acima, no meu estômago. Refazendo todo o caminho até eu vomitar. Se eu tiver que vomitar ali, no mesmo banheiro enquanto sua mãe estiver chorando, eu... Ei, amanhã eu vou me vestir para você pela última vez. Amanhã eu vou dizer a todos eles que "uma parte de mim está morrendo e eu não posso chorar. Eu não conheço todos os sinônimos para tristeza. Vazio. Solidão. Raiva. Raiva. Mais raiva!".

Ele desliga a luz na mesinha de cabeceira ao lado da cama.

TOM: Eu me deito na sua cama em posição fetal e a minha cabeça se encaixa direitinho no formato deixado por você no travesseiro e eu quero morrer.

Tempo.

TOM: Eu apago a luz. Uma dor na minha garganta. Violenta. Não consigo respirar. Alguém está me sufocando. Um corpo. Cerveja e animal. Eu não consigo respirar. A lâmpada! A luz! Eu tô sufocando. Minha garganta! A lâmpada! Acende a luz, Tom. Acende a luz... a luz...

Tom consegue acender a luz. Francis está em cima dele, tentando estrangulá-lo.

FRANCIS: Se você contar para minha mãe quem você é, os cachorros vão cuidar de você. Se você abrir essa sua maldita boca, eu vou garantir que não vai sobrar nada de você. Nada. Se minha mãe mencionar uma garota chamada Hellen, você vai dizer que conhece. Você vai dizer que Hellen só fala inglês e que ela trabalhou com ele. Você vai dizer que Hellen é loira, que ela tem vinte e poucos anos e que fuma muito. Preciso repetir? Loira, vinte e poucos anos, fuma muito e não fala português! Diz a ela que Hellen gosta de macarrão. Muito. Fora isso, você pode simplesmente dizer que meu irmão amava ela.

Francis o larga!

FRANCIS: Então, agora você pode respirar. Respira! Eu sabia que você ia aparecer algum dia. Eu não conheço você. Eu não sei o seu nome, mas eu sabia que você viria. Do outro lado do pasto tem uma vala onde nós jogamos as vacas. As vacas doentes, quando elas morrem. Uma carcaça a mais ou a menos, ninguém vai notar, acredite em mim, ninguém vai querer meter o nariz lá. Os cachorros vão deixar tudo limpo. Então é melhor fazer o que eu disse. Nem mais, nem menos. Minha mãe está triste e ela não precisa saber quem meu irmão realmente era. É difícil pra ela. Meu pai trabalhou até morrer. E agora meu irmão. É duro para uma mãe. Mais do que uma mãe pode suportar. E eu não quero que ela se sinta pior. Ok? Você vai dizer algumas coisas na igreja amanhã, qualquer coisa bonita. Então, você entra na porra do seu carro e some daqui. Então, a minha mãe vai esquecer. E ele finalmente vai estar morto. E tudo vai ficar bem. Preciso repetir isso? Ah, e amanhã nada de perfume, hein? Homem só usa perfume em casamento. E amanhã é um funeral. Preciso repetir isso? Não!

QUADRO TRÊS

Dia 2. Tom está vestindo um terno elegante que contrasta com o ambiente. Ele borrifa perfume em si. Na cozinha.

TOM: Seus traços aparecem em uns rostos e desaparecem em outros. Alguém vira a cabeça, eu vejo a sua nuca. Em outro, as suas mãos. Sua família! Uma arara de roupas velhas esquecidas num brechó. Vestidos que parecem que fugiram de um contêiner abandonado no porto. Camisas de seda enrugadas como se fossem um saco. Sua família! Tem uma tia sua aqui me falando de um primo seu que mora na cidade, e que eu devo conhecer, porque eu também moro na cidade. Seus parentes, você não deve se lembrar do nome deles ou da última vez que alguém ficou doente, nem mesmo das festas de Natal. E sua mãe está aqui comigo, indo de pessoa em pessoa, repetindo "Tom e ele foram colegas de trabalho", "colegas de trabalho". "Você o conhecia bem?" Um pouco.

"Vocês eram próximos?" Um pouco. "Vocês se frequentavam?" Frequentavam? "Ah, é uma pena que ela não veio. Nós teríamos amado conhecê-la".

Tempo.

TOM: A tinta está descascando das paredes. A imagem dos santos, com as mãos juntas em oração, suplicando para tirá-los de lá. Aqui o candelabro com chamas elétricas, duas queimadas e uma piscando. Coroas de flores exóticas, cansadas de serem exóticas. Tá ouvindo? Esse solo asmático dessa flauta? É a cereja do bolo. Olha! Vou lhe falar uma coisa. Não tem nada. Nada parecido com o que você poderia imaginar. Nada! Quatro funcionários, vestidos de cinza da cabeça ao saco, empurrando a caixa em um carrinho estridente. E você dentro da caixa. Uma caixa de madeira envernizada como se fosse um piso de tábuas corridas e você dentro dela, dentro da caixa, você. Suas mãos inúteis. Sua barriga abandonada. Seus lábios desolados. Você dentro da caixa. E eu no banco. Extremamente Dolce, demasiado Gabanna.

Finalmente a tortura da flauta acabou. Então a sua mãe se levanta do banco e sobe alguns degraus em direção ao microfone. Ela se vira na minha direção. Ela estende a mão. Silêncio. O universo inteiro está olhando para mim. Silêncio. O mundo prende a respiração. Silêncio. Seu irmão tem fogo nos olhos. A sua mãe está em pé ao microfone. E não existe nada mais silencioso no mundo do que alguém de pé em silêncio num microfone. Eu deveria ter me juntado a ela. Eu deveria ter dito ao mundo o que nós éramos um para o outro, um com o outro, um sem o outro.

Tempo.

TOM: Eu, o garoto-viúva, eu me viro de costas e deixo a igreja.

Francis entra, ameaçando.

FRANCIS: Você não disse nada! Por que você não disse alguma coisa? Hein? Por quê? Eu disse pra você inventar alguma coisa bonita. Por que você deixou a minha mãe lá em cima sozinha na frente de todo mundo? Eu não posso ver a minha mãe assim. Eu não posso.

Francis soca Tom no estômago.

TOM: O peixe. A manteiga. Eu não tive uma boa digestão na noite passada.

FRANCIS: Me responde! E eu falei, sem perfume!

TOM: [*levantando os braços para se proteger*] Isso foi um reflexo. Só um reflexo. Eu reajo como um filhote de cachorro amedrontado.

FRANCIS: Eu já ouvi sua voz antes. Um dia, no telefone, quando eu liguei pra casa dele pra falar de uma papelada da fazenda. "Eu tô esperando ele em casa pra jantar. Quer deixar recado? Ele pode ligar pra você mais tarde? A gente tá saindo hoje à noite de férias. Quem está falando?... Alô? Alô?" Um dia eu olhei embaixo da cama dele, tinha uns cadernos. Desenhos de homem. Poemas sobre homens também. Quando eu liguei pra casa dele... "Ele pode ligar para você mais tarde?" Aí eu entendi que um dia você vinha.

Ágatha entra. Ela está carregando uma grande tigela de plástico amarela.

FRANCIS: Ô, mãe, a senhora não quer se sentar?

TOM: Ela está segurando uma tigela amarela. Amarela demais pra esse lugar. E ela sabe que ele me bateu.

ÁGATHA: Eu vejo que você está desconfortável, Tom.

FRANCIS: Ele tá se sentindo mal do estômago por causa do peixe.

ÁGATHA: Eu gostaria de ouvir o que você preparou.

TOM: Era apenas um esboço, um rascunho.

ÁGATHA: É, devia ser.

TOM: Chateada? Desapontada? Triste?

ÁGATHA: Emotiva.

TOM: Na agência, eles costumam me chamar de "Sr. Sinônimo." Eu procuro por equivalentes, sabe? Uma coisa que é uma coisa, mas que não é necessariamente a coisa. É uma obsessão. Mas eles apreciam muito isso nas reuniões de *focus-group*.

Tempo.

TOM: *Focus-group* é... A ideia de explicar o que é *focus-group* me dá mais vontade de vomitar do que o peixe.

ÁGATHA: A música da flauta estava boa.

FRANCIS: Sim.

ÁGATHA: Eles estão esperando por nós no salão da comunidade. Eu realmente sinto muito pelo peixe, Tom.

TOM: Vai passar.

ÁGATHA: Eu fiz muita salada de macarrão. Eu sempre odiei salada de macarrão. É feia. Pálida. Pouco apetitosa. Você tem que colocar na geladeira, e macarrão gelado não tem gosto. As pessoas sempre fazem muita. E não se pode congelar. Mas você não será uma boa anfitriã se não tiver uma porra de uma salada de macarrão enorme no meio da mesa. Sim, eu disse "porra". Hoje eu posso muito bem me permitir, eu tenho direito. Só um, "porra". Você pode aparecer com uma linda salada verde e extraordinários sanduíches de atum. Não! Você tem que fazer a porra da sua salada de macarrão. Maionese e macarrão. Porra! Minha família diz que eu faço a melhor salada de macarrão do mundo. Eu sou a melhor do mundo em algo que eu odeio fazer!

FRANCIS: A senhora deveria se sentar.

ÁGATHA: [*ainda segurando a tigela amarela*] Por quê? Dói menos quando a gente senta? Ela deveria ter vindo.

FRANCIS: Uma sem coração. É isso o que ela é, certo, Tom?

TOM: Certo. Uma sem coração.

ÁGATHA: "Ele já tinha morrido havia alguns dias e aqueles que estavam de luto foram até a sua sepultura, mas ela estava vazia. Havia pegadas na areia. Ele tinha ressuscitado, mas ninguém o reconheceu."

FRANCIS: Amém, mãe. Amém.

ÁGATHA: Estou tão feliz que você tenha vindo, Tom.

FRANCIS: Tom, você não deveria dizer que ela ligou?

TOM: Quem ligou?

ÁGATHA: Quem ligou?

FRANCIS: Diz pra ela. Faz ela feliz. Agora.

TOM: [*improvisando*] Quando eu voltei da igreja, o telefone tava tocando. Eu atendi. [*tempo*] Era ela.

ÁGATHA: Ela? Ela quem?

FRANCIS: Hellen! Boa surpresa, hein!?

ÁGATHA: O que foi que ela disse?

FRANCIS: [*impaciente, para Tom*] Eu não posso responder por você. Foi você que atendeu o telefone, Tom. [*para Ágatha*] Eu não sei o que eles disseram um para o outro. Quando eu voltei da igreja, ele estava desligando o telefone. [*para Tom*] Você não lembra o que ela falou?

TOM: [*improvisando*] "Oi, Tom! Hellen falando."

FRANCIS: Em inglês?!

TOM: "*Hi, Tom. Hellen speaking. Nice talking to you.*"

FRANCIS: A gente não entende inglês.

ÁGATHA: Francis! Cala a boca!

TOM: "*Today, a part of me is dying*/ Hoje uma parte de mim está morrendo/ *and I can't cry*/ E eu não posso chorar. Eu não conheço todos os sinônimos pra tristeza./ *Emptiness, loneliness, anger.*/... Vazio, solidão, raiva, raiva e raiva de novo! Tom, diga a eles que eu adoraria tê-los conhecido. Ele que não quis me apresentar. Ele sempre disse que amor era entre duas pessoas. Sem amigos. Sem família. Tom, diga que ele foi o primeiro. O único que provou que isso poderia existir. Diga a eles como ele amava meu rosto quando eu sorria e que ele fazia de tudo para me fazer sorrir. Fale também sobre os braços dele. Os braços que me mantinham *prisioneira*, então me soltavam e voltavam a me prender mais uma vez e mais uma vez. Diga a eles que só pela maneira como ele andava, eu podia ver se ele estava com tesão e como nossa trepada seria selvagem."

FRANCIS: E aí em seguida ela desligou?

TOM: Trepar vem do italiano, sabia? *Treppiare.*

FRANCIS: E aí ela desligou?

TOM: "*Tell them that I hate him.* Diga a eles que eu o odeio por ter me abandonado. Ele não era de se atrasar. Ele tinha ido buscar a jaqueta na lavanderia, mas isso não era motivo para ir rápido demais. Tom, diga a eles que eu ainda posso ouvir o barulho das sirenes. Foi há duas quadras da agência. Então o telefone toca e como num filme, as câmeras se fecham num *close* das bocas murmurando o nome dele em câmera lenta. Eu desço as escadas correndo. Correndo em direção à esquina da avenida principal no grande cruzamento. A ambulância desaparecendo no horizonte. As marcas de zigue-zague na calçada, como a assinatura de um contrato com a morte. Um tanque de combustível. Metade de uma roda. Espelho quebrado. A motocicleta dele. Jaqueta rasgada. Seu capacete rachado. Seu sangue derramado, entornado, respingado, espirrado".

FRANCIS: E aí ela desligou?

TOM: Foi, e aí ela desligou.

ÁGATHA: Ela deveria ter vindo. Ela deveria ter dito essas coisas lá...

FRANCIS: "Trepada selvagem" na igreja?

ÁGATHA: Pelo menos alguém teria dito alguma coisa.

Estão todos perdidos em seus pensamentos.

ÁGATHA: Depois da cerimônia, nós não podemos nos esquecer da ordenha. Francis vai te mostrar como se faz.

TOM: Francis vai me mostrar o quê?

FRANCIS: Eu vou te dar uma coisa para vestir. Você não pode trabalhar no curral com essas suas roupas aí de...

ÁGATHA: Arranja umas roupas do seu irmão. [*para Tom*] Francis vai te mostrar como é que se faz para colocar uma ordenhadeira. "De repente, dois homens que estavam com roupas que brilhavam como a luz do sol chegaram para duas mulheres e disseram: "Por que procuram entre os mortos aquele que vive?"

TOM: Amém, Ágatha. Amém.

QUADRO QUATRO

Tom troca suas roupas pelas roupas de trabalho de seu falecido namorado. No campo. Fim do dia. Um cachorro está latindo ao longe.

TOM: Suas roupas são novas demais para serem *vintage* e velhas demais para serem Paul Smith. O seu cinto não tem furos suficientes, mas isso não vai ser um problema, eu vou usar essa corda aqui e eu vou lançar uma nova tendência na zona rural. [*para Francis*] Vem cá, nós vamos muito longe? Eu estudei nas melhores escolas e agora eu tenho bosta de vaca na sola do meu sapato.

FRANCIS: Você me impressionou um bocado...

TOM: Você não me deu escolha, tive que mentir.

FRANCIS: Eu estou falando das vacas. Você é amável com os animais. Eu vi você fazendo carinho em uma.

TOM: [*procurando alguma coisa para dizer*] Eu não podia imaginar que máquinas de ordenha pudessem ser tão modernas assim.

FRANCIS: Algumas já têm até raios laser. Tomam muito menos tempo. A máquina acha a teta sozinha. Você tem uma espécie de painel de controle. Você aperta apenas um botão e a máquina se encaixa na teta sozinha.

TOM: [*sem saber como reagir*] Legal.

FRANCIS: Tá ouvindo o cachorro latindo? Isso quer dizer que tem um monte de cachorros-do-mato aqui perto. Durante essas visitas guiadas às fazendas, teve uma vez que veio um monte de japonês que fez todo o caminho até aqui. Eles viajaram meio mundo só pra tirar foto. Isso deve querer dizer que aqui é bonito, né? Tem muito milho aqui, caso você me pergunte. As pessoas vendem as suas terras pros outros plantarem e fazendas de porcos. Quase todas as fazendas e os celeiros foram abandonados. Olhe em volta, todas as casas nesta estrada estão vazias.

TOM: Você não tem nenhum vizinho, não?

FRANCIS: Não.

FRANCIS: Eles têm olhos pequenos, os japoneses, né? E quando eles riem, eles não têm nenhum. Uma vez, eu trouxe um casal até aqui, a vala das vacas. Eles queriam porque queriam ver um cachorro-do-mato de perto. Tiveram sorte, viram três. Dente branco na carne roxa. Eles olhavam uns para os outros, assim com o canto dos olhos, rosnando. "Se você tocar no meu pedaço, eu te mato!" Daí, um pouco mais distante dali, tinha um cachorro-do-mato brincando com um coelho, ainda vivo. Ele batia nele com a pata, tentando fazer ele se mexer. Daí o coelho conseguiu escapar. O cachorro-do-mato pegou ele de novo, bateu nele, machucou ele e aí deixou ele ir. Aí pegou ele de novo.

TOM: Por que aqui ninguém fala com você? Hoje à tarde, no velório, ninguém nem chegou perto de você. Afinal de contas, você é o irmão do morto.

FRANCIS: Eu não dou a menor importância pras outras pessoas. Eu acho que eles também não dão a menor importância pra mim. [*tempo*] Você conhece algum?

TOM: O quê?

FRANCIS: Japonês.

TOM: Conheço. Eu já fui ao Japão. Eu fui fazer um seminário sobre a semiologia das imagens em Nagoya.

FRANCIS: [*procurando alguma coisa pra dizer*] Legal! Eu achei muito bom o que você fez.

TOM: Obrigado. Eu adoro os animais.

FRANCIS: Não. Eu tô falando da Hellen.

TOM: [*exasperado*] Sinceramente...

FRANCIS: Foi bom o que você fez.

TOM: Honestamente.

FRANCIS: Mamãe estava muito feliz.

TOM: Não, eu acho que não.

FRANCIS: Eu disse assim pro meu irmãozinho, eu não vou contar o seu segredo pra mamãe, mas você tem que me arrumar uma foto sua com uma garota. Qualquer uma, desde que seja bonita. Aí a gente decidiu chamar ela de Hellen. Mas eu acho que o nome dela de verdade era Sara. Eles trabalhavam juntos.

TOM: Sara? A estilista da agência?

FRANCIS: Na foto ele tá com os dois braços em volta da cintura dela.

TOM: A alcoólatra faladeira?

FRANCIS: Eles estão sentados na motocicleta dele. Ela tá usando um boné cor-de-rosa.

TOM: Aquilo ali não fala nem português direito. Imagina inglês. Ela deve falar inglês que nem as vacas daqui falam espanhol.

FRANCIS: Mamãe disse que ela é bonita.

TOM: [*cada vez mais irritado*] Não, ela é gorda.

FRANCIS: [*tirando uma foto do bolso, entregando a Tom*] Eles estão se beijando.

TOM: Que ideia estúpida, ficar aqui. Patético, que ideia nojenta. Eu vou embora deste lugar.

FRANCIS: Ei, Tom! Aonde você vai?

TOM: Vou contar a verdade pra sua mãe e vou me mandar daqui. É isso o que eu vou fazer.

FRANCIS: Você não vai contar nada pra minha mãe.

TOM: Me solta! Me solta!

FRANCIS: O que foi? Você não está feliz aqui comigo?

TOM: Claro, como um coelho! Ele se vira por se virar e eu acho que ele vai me estrangular. Ele levanta os braços pra se coçar e eu espero um soco no meu estômago. Eu vi que tem um posto de gasolina do outro lado da igreja. Eu vou abastecer o carro e vou me mandar daqui.

FRANCIS: [*se aproximando de Tom, ameaçador*] Mas justo agora que eu comecei a me apegar a você!

TOM: Nós estamos perto demais! Perto demais! O que você quer ouvir? Hein? Que eu gosto de estar com você?! Eu gosto de estar com você, Francis! Eu acho linda a vista do seu milharal! Eu amo os cachorros selvagens dilacerando a carne. Os japoneses têm olhos lindos e a Sara é uma alcoólatra encantadora.

Francis agarra uma corda e a enrola no pulso de Tom.

TOM: O que você tá fazendo? Me devolve essa corda! Por favor, por favor. Você tá me machucando. O que você está fazendo, me solta, você tá me machucando! Essa é a sua maneira de se apegar às pessoas?

FRANCIS: Você escuta o meu cachorro?

TOM: Sim! Eu escuto a porra do seu cachorro!

FRANCIS: É hora do jantar!!!

TOM: São cinco horas da tarde!

Francis puxa Tom pela corda.

QUADRO CINCO

Dia 3. À noite.

ÁGATHA: Tom! É hora da janta! Já é a segunda vez que eu chamo você!

FRANCIS: Talvez ele não tenha fome.

ÁGATHA: Ele não comeu nada o dia inteiro. Ele não gosta da minha comida. Eu sei. [*chamando*] Tom! [*para Francis*] O que são aqueles curativos nos pulsos dele?

FRANCIS: A gente foi ao médico.

ÁGATHA: Por quê?

FRANCIS: Ele se machucou.

ÁGATHA: Como?

FRANCIS: No carregador de estrume.

ÁGATHA: [*não acreditando*] Os dois pulsos?

FRANCIS: Ele tentou pegar alguma coisa. Que foi? A senhora tá querendo que ele vá embora? É isso?

ÁGATHA: Ele não pode dirigir com os pulsos naquele estado.

FRANCIS: Eu posso levar na casa dele, se a senhora quiser.

ÁGATHA: Ninguém pediu pra você levar ele pra casa!

FRANCIS: Ele é muito bom com as vacas.

ÁGATHA: [*sorrindo*] Eu sabia.

Tempo.

ÁGATHA: Hoje de manhã, quando eu abri a porta do seu quarto, eu vi a cabeça de dois meninos nos travesseiros, dois meninos pequenos.

FRANCIS: Isso te faz feliz, hein?

ÁGATHA: Ele tá sempre mexendo no cabelo. Tá sempre se olhando no espelho também. [*constrangida*] Para minha surpresa, eu peguei ele olhando para a própria bunda. Você também olha para a sua bunda?

FRANCIS: Eu? Eu, não. Ela é perfeita.

ÁGATHA: [*rindo com Francis*] Bunda murcha.

Eles riem. No quarto, Tom tira a camisa de trabalho e continua de jeans. Ele coloca a camisa de baixo. Curativos nos pulsos.

TOM: Essa é a primeira vez que escuto eles conversando sozinhos. A casa devia estar cheia de gente. Bom, pelo menos é assim nos filmes quando alguém morre.

ÁGATHA: [*ainda rindo*] Tom, você tem que comer!

TOM: O telefone nunca toca. Nada de televisão no fundo. Apenas o caminhão-pipa que vem até aqui pra buscar a cota diária de leite. O nome do motorista é José. "Oi, seu Zé. Tchau, seu Zé!"

ÁGATHA: [*fascinada*] As roupas dele são como papel. As camisas dele são tão bem passadas como se fossem perfeitos guardanapos.

TOM: Ela desfez a minha mala.

ÁGATHA: Muito chique, como se fosse pra um casamento.

TOM: Pendurou as minhas roupas nos cabides.

ÁGATHA: Eu roubei um pouco do creme dele pras mãos. Só um pouquinho. Cheira tão bem.

FRANCIS: Ele trabalha bem.

ÁGATHA: Ah, que bom.

FRANCIS: Ele faz carinho nas vacas.

ÁGATHA: Você deve estar contente por ter companhia, não é?

FRANCIS: [*rispidamente, bruscamente*] Eu estou acostumado a ficar sozinho.

Tempo.

ÁGATHA: Se você for embora...

FRANCIS: Para!

ÁGATHA: O dinheiro.

FRANCIS: Para, mãe.

ÁGATHA: A gente não vai poder pagar pela ordenhadeira a laser.

FRANCIS: A gente vai dar um jeito nisso.

ÁGATHA: Vamos ter que acabar vendendo a fazenda.

FRANCIS: A senhora sabe que eu vou estar sempre aqui. A senhora sabe disso. Sempre.

ÁGATHA: [*sem se mexer*] Eu não consigo te dar um abraço. Eu sei que nesses tempos eu deveria. Mas eu não consigo.

FRANCIS: Talvez a senhora não precisasse dizer isso.

Tom se junta a eles.

ÁGATHA: Tom! Você quer que eu descongele alguma coisa pra você?

TOM: Tudo, menos peixe!

Ágatha pega as mãos de Tom, as vira, toca os cortes em seus pulsos, na sua barriga e no seu pescoço.

ÁGATHA: "Se eu não vir as marcas dos pregos nas suas mãos, se eu não colocar o meu dedo onde estavam os pregos e a minha mão no seu lado, não crerei. Toque as marcas. Coloque a mão sobre as minhas feridas. Bem-aventurados os que não viram e creram".

FRANCIS: Amém, mãe. Amém.

ÁGATHA: [*para Francis*] Eu vou descongelar um bife pra você. Francis! Por que você não leva o Tom pra dar uma volta? Mostre os arredores! Vão ao bar! Quem sabe, o caminho dos pinheirinhos. Tom, uma vez meus meninos me levaram lá no caminho dos pinheirinhos. Nós viajamos a 160km por hora. As linhas amarelas tracejadas na estrada pareciam uma linha só. Nós estávamos indo muito rápido.

FRANCIS: A senhora adorou, não foi?

ÁGATHA: Nunca fiquei tão assustada em toda minha vida.

FRANCIS: Então vá se vestir. Se a senhora se comportar bem e for uma boa garotinha, a gente passa hoje de 160! Vai, mãe!

ÁGATHA: Vamos deixar o Tom comer.

FRANCIS: Me disseram que você olha pro seu rabo no espelho.

ÁGATHA: Francis!

FRANCIS: Bumbum de neném. Vou te chamar de Bundinha de Neném.

Tom o ataca sem aviso. Dá um chute em suas costelas. Francis recebe o golpe, que dói, mas ele gosta disso.

FRANCIS: Ah! Puta que pariu... Agora, sim, a gente começou a conversar.

Ele agarra Tom. Aperta seu pescoço na dobra do braço.

ÁGATHA: Garotos! Na cozinha, não!

FRANCIS: Aí está o meu homem. Te peguei! Bundinha de Neném!

ÁGATHA: Vão brigar lá fora.

Surpreendentemente, Tom tem vantagem na briga.

FRANCIS: Nossa, mãe, olha como ele fica bonito quando tá com raiva!

Eles brigam de verdade.

TOM: Você me arrastou por dois quilômetros pelos pulsos! Pede desculpas! Pede desculpas!

Tom o morde em seu pescoço.

FRANCIS: Ele me mordeu! Me mordeu, seu viado!

ÁGATHA: Seu o quê?

FRANCIS: [*percebendo o que disse*] Maneira de dizer, mãe. Maneira de dizer. Ele me mordeu! A senhora viu isso?

ÁGATHA: Eu não falo com meninos que falam palavrão.

TOM: Dente branco na carne roxa!

ÁGATHA: [*ela entrega a Tom uma tigela de sopa*] Eu descongelei um pouco de canjiquinha pra você.

TOM: Eles comem canjiquinha aqui.

ÁGATHA: Com bacon.

TOM: Com bacon!

ÁGATHA: Francis, ajuda ele a comer.

FRANCIS: Nunca.

ÁGATHA: Mas ele não pode segurar a colher com os pulsos nesse estado.

Tom pega a tigela e tenta tomar. Ágatha pega de volta a tigela de sopa e dá comida a Tom de colheradas.

ÁGATHA: Me fale mais dela.

TOM: [*incomodado*] Uma mulher num corselet preto. Uma mulher balançando em uma gaiola de passarinho. Uma mulher descabelada numa jangada. Uma mulher peituda posando com pilotos de corrida. Tudo que eu posso ver são imagens de anúncios publicitários.

ÁGATHA: Uma mulher fácil?

TOM: Qualquer uma seria fácil com ele.

ÁGATHA: [*satisfeita*] Você ouviu isso, Francis?

FRANCIS: Todas as palavras.

TOM: Ele era um bruto que podia recitar poesia.

ÁGATHA: "Um bruto que podia recitar poesia!" Você devia falar como o Tom.

FRANCIS: Hum. Acho que não.

ÁGATHA: Mulheres gostam de homens que falam bonito.

FRANCIS: Tom, eu ouvi dizer que ela era doida por macarrão.

TOM: [*retirando a guarda*] Ravióli. Tortellini. Espaguete. Lasanha. Quer mais o quê? Sufocada em molho, seu babaca.

ÁGATHA: [*para Tom*] E você?

TOM: Eu adoro macarrão. Eu tô desnorteado agora.

ÁGATHA: Você nunca falou nada sobre você. Você deve ter alguém especial na sua vida.

TOM: Eu? Aqui? Agora? O que eu poderia falar sobre mim? Eu não sei o que dizer sobre mim.

FRANCIS: [*fazendo graça de Tom*] "Eu não sei. Eu? Quê, eu? Eu? Nada! O que dizer sobre mim? Mim! Nada! Nada! Eu?" Você ainda quer que eu fale como ele?

TOM: "Tira a cueca! Tira a cueca, vai, devagar. Mais devagar que isso! Você gostava disso, não é? Vai, agora tira a sua camisa. Anda! Levanta os braços! Me mostra seu sovaco."

ÁGATHA: O que ele está falando?

FRANCIS: Eu não sei.

TOM: "Coloca sua mão na sua barriga. Acaricia a sua barriga."

ÁGATHA: Eu não tinha nem o endereço do meu filho e ele falava com ele intimidades como essa?

TOM: "Deita na cama."

ÁGATHA: [*desconfortável*] Tem muitos detalhes agora.

TOM: "Chupa o meu pau".

O tempo para.

FRANCIS: [*tentando disfarçar o clima tenso*] Ela era uma safada, hein, Tom? Uma safada!

Os três riem.

TOM: Sem dúvida, uma safada!

Francis e Ágatha gargalham até não poder mais.

TOM: [*explodindo*] Por que eu não vou lá pra fora? Por que eu disse: "Oi, seu Zé! Tchau, seu Zé!" Por que eu não disse "Me ajuda, me tira daqui"! Por que eu não me viro pra ela e digo: "Eu amava o seu filho e seu filho me amava"?

ÁGATHA: Como é bom rir assim.

FRANCIS: A senhora quer dar aquela volta de carro, mãe?

ÁGATHA: Não. Seria tão bom se ela viesse nos visitar. Tom, você podia pedir pra ela pra vir?

TOM: Quem?

ÁGATHA: Hellen.

TOM: Eu não sei.

ÁGATHA: Boa noite, meu menino. Boa noite, Francis.

FRANCIS: Boa noite, mãe.

Ágatha sai.

FRANCIS: Você faz bem pra ela. Eu não vejo ela rindo assim há tanto tempo.

Tempo.

FRANCIS: Você contou ao médico que fui eu quem fez isso aí com você?

TOM: Eu disse ao médico que você me deixou lá. Só isso.

FRANCIS: Foi por isso que ele não fez pergunta nenhuma, né?

TOM: Ele me pediu para dizer que sentia muito.

FRANCIS: Não devia ter levado você no médico daqui. Eu tinha que ter dirigido até a próxima cidade.

TOM: Existe?

FRANCIS: Você não quer saber por que eu continuo morando com a minha mãe até hoje, com trinta anos na cara? Eu tenho tudo pra fazer uma mulher feliz. Tenho uma fazenda grande. Boa aparência. [*silêncio*] Eu sei que você me acha bonito.

TOM: [*desconcertado*] Eu digo sim, ele me dá um soco. Eu digo não, ele me dá um soco.

FRANCIS: Meu irmão nunca contou pra você a história do garoto no bar?

TOM: Que garoto?

FRANCIS: O garoto que eu rasguei no meio. Rasguei em pedaços! Foi isso que eu fiz. Não teve julgamento. Foi tudo resolvido em dinheiro, em silêncio. Eu tinha uns 16. Ele tinha 14. Ele tava usando um jeans branco, uma camiseta verde. Eu coloquei as minhas duas mãos na boca dele e abri. Arregacei. Até que ela rasgou. Eles não disseram "espancado", "ferido", não. Foi... "dilacerado." Eu fiz minha mãe chorar. Meu pai, mudo. Sem julgamentos, isso é o que é pior. As pessoas ainda falam disso na cidade até hoje. Todo dia uma nova história. Em toda a região. O garoto tem um nariz novo! Novos lábios. Ele se mudou da cidade. Ele não pode ser o monstro da cara rasgada com esse nariz falso. Todas as meninas daqui estão com medo de mim. Me diz, que mãe deixaria sua filha sair com o cara que rasga rostos?

Tinha uma garota na aula de dança. Eu tinha até comprado um presente pra ela. Bonito, tipo uma blusa, bonita, feita de seda. Meu irmão me arrastou com ele. Ele queria que eu tivesse uma namorada. Dança de salão, danças folclóricas, bolero, tango. Todo mundo queria dançar com os dois meninos bonitos da fazenda. A gente era os mais populares. Então, uma noite... com meu irmão no bar, no caminho de casa para a aula de dança... Por aqui, você começa a ir para o bar quando tem 12 anos... o garoto de jeans branco e camiseta verde me puxou de lado, com aquele olhar assustado nos olhos: "Francis, eu tenho que falar com você sobre o seu irmão. É um assunto delicado". Meu irmãozinho estava olhando pra gente, de longe, olhando preocupado. Eu fiz o moleque repetir o que ele disse: "Francis, seu irmão... é um assunto delicado!" Aí eu entendi o que ele tava querendo me dizer. Eu sabia por causa dos desenhos e dos poemas debaixo da cama do meu irmão, mas como ele podia saber? Isso significava que todo mundo sabia? Significava que todos estavam rindo nas nossas costas? Em um buraco como esse, qualquer coisa que não seja normal é multiplicada por vinte.

"Seu irmão. É um assunto delicado!" Porra, foi como levar uma marretada. Meus olhos viraram pra trás como se fosse uma vaca que foi atordoada. Tudo o que eu me lembro é das minhas mãos na boca dele. E do som vindo do fundo da garganta. Os ossos quebravam na garganta dele. Eu nunca mais voltei na aula de dança. Mesmo meu irmãozinho tendo visto, eu não queria contar pra ele por que eu tinha feito aquilo. Ele tinha vergonha de mim. Ele disse que ia embora. A gente brigou... várias vezes. Eu ameacei pendurar ele na vala das vacas. Ele foi embora mesmo assim.

Francis estendeu a Tom as roupas de trabalho que ele estava vestindo anteriormente.

FRANCIS: Mamãe consertou suas roupas. Elas devem vestir melhor agora. Você pode voltar a usar seu perfume de novo. Mamãe gosta do seu perfume. Mamãe precisa rir. Eu não sei como pedir às pessoas para ficar. Não consigo achar as palavras certas. Fica?

QUADRO SEIS

Dia 5. Tom está vestindo as roupas de trabalho consertadas. Ele está coberto de sangue. Ele lava as mãos e os braços em uma pia funda.

No celeiro.

TOM: Êxtase! Nós ajudamos uma vaca a parir. Nós demos à luz. Foi poderoso. Eu senti vontade de sair correndo pro meio do pasto e gritar: "Eu dei à luz! Ei, seus cachorros-do-mato, eu dei à luz". Ok, eu não pude fazer muita coisa por causa dos meus pulsos, mas eu assisti ao Francis fazendo tudinho. Até que ele me mandou calar a boca. Ele colocou umas luvas grandes de borracha e colocou o braço dele inteiro dentro da vaca, dentro do útero de uma vaca, ele tava procurando pelas patas do bezerro, as patas da frente. Ele passou uma corda em volta delas e puxou e puxou. Por pelo menos uma hora. Cada vez que a vaca tinha uma contração, ele puxava. Cada vez que a vaca tinha uma nova contração, eu o encorajava. Até que, finalmente, a cabeça do bezerro apareceu. Eu gritei e foi aí que o Francis me mandou calar a boca. Mais contrações. Mais contrações. Então, de repente, cai um corpo inteiro de um bezerro, pra fora, como se fosse um tiro. A vaca tava em pé. O bezerro caiu no chão. Ele quebrou a pata. Meu Deus, mas que recepção violenta pra esse mundo. [*Tom rompe em soluços*] Então a vaca lambe a placenta. O bezerro, ele bebe o colostro. Francis disse "colostro". Em seguida, a sua mãe descongelou um empadão. Cara, foi muito legal.

FRANCIS: [*entrando, coberto de sangue*] A gente pode chamar ele de "Bundinha de Neném."

TOM: [*inconsolável*] Legal! Desculpa, cara. Eu não sei o que tá acontecendo comigo.

FRANCIS: Tom, me diz uma coisa, seu esperma, ele serve pra quê?

TOM: Quê?

FRANCIS: Seu esperma, pra que que ele serve?

TOM: A gente mudou de assunto, foi isso?

FRANCIS: Por que você tá vivo se você não pode dar a vida?

TOM: Francis, por favor, me dá só um minutinho.

FRANCIS: Eu tava aqui pensando nisso. Quando você for embora, não vai sobrar nada. Sua porra não serve pra porra nenhuma.

TOM: É um ponto de vista.

FRANCIS: Seu suco não serve pra nada.

TOM: "Suco?"

FRANCIS: Qual é a sua utilidade na vida?

TOM: Desde quando rasgar rostos de pessoas agora é uma missão?

FRANCIS: Tira a camisa.

TOM: Quê?

Francis ajuda Tom a tirar sua camisa.

FRANCIS: Levanta os braços pro alto.

Ele ensaboa seu corpo.

FRANCIS: Me mostra o seu sovaco. Você não pode passar sua vida inteira sem crianças. Um homem velho? Sem criança, porra? Ninguém?

TOM: Ele tem as suas mãos.

FRANCIS: Eu tô falando com você!

TOM: Ele tem a sua voz.

FRANCIS: Eu estou falando com você.

TOM: Ele tem a escuridão dos seus olhos.

FRANCIS: Eu estou falando com você. Tom! Tom!

TOM: Ele tem seus lábios. Volta pra ele. Volta pra ele. Eu só me preocupo com o meu pequeno ego, Francis! E o processo de produção do "meu suco" me dá muito prazer.

FRANCIS: Vou te mostrar uma coisa.

Francis pega uma bolsa de papel do seu esconderijo e cuidadosamente retira uma blusa vermelha, uma blusa de mulher.

FRANCIS: Isso aqui era um presente pra menina da aula de dança. A vendedora me falou que era seda de verdade.

TOM: [*sincero*] Só de olhar pra ela, eu posso dizer que é de seda mesmo.

FRANCIS: Vindo de você eu acredito.

TOM: É muito bonita.

FRANCIS: Eu nunca consegui entregar pra ela.

TOM: Qual era o nome dela?

FRANCIS: Eu não me lembro. É seda de verdade. Seda de verdade? Seda? Porra, eu tô feliz pra caralho.

Francis aperta um botão e a música preenche o celeiro.

FRANCIS: Doze alto-falantes, um painel de controle, um amplificador de 2.500 watts. Um CD player com capacidade para oito CDs. Todo mundo pensa que isso é salsa, mas é cúmbia! As vacas amam. Eu tenho certeza que elas dão mais leite. Você mantém os braços firmes quando dança cúmbia! Bom comprimento de braço, só o quadril solto. [*para Tom*] Vem! Você o move da direita pra esquerda, assim. Só o quadril. Um passo à frente, um passo pra trás, um pé depois do outro. Dobra os joelhos, um depois do outro. Anda, porra!

TOM: Escolhe uma vaca pra dançar com você, você tem 48.

FRANCIS: Fica reto. Braços firmes. É isso aí! Cinco, seis, sete, oito.

TOM: Direita, esquerda. Direita, esquerda. É assim?

Eles começam a dançar. São perfeitos dançarinos.

FRANCIS: [*impressionado com a facilidade de Tom*] Devagar! Você aprende muito fácil.

TOM: [*assumindo o controle da dança*] Sete e oito. Nada mal, hein?

FRANCIS: Nada mal, mesmo! Meu irmão deve ter te ensinado. [*brincando*] Ele disse que só ia praticar comigo.

Tom beija Francis. De início, Francis não repele. Tom se afasta.

FRANCIS: Volta aqui!

Tom volta até Francis, que o agarra pelo pescoço. Há algo calmo e prazeroso no estrangulamento para Francis.

FRANCIS: Você me diz quando parar! Você decide. Você me dá um sinal e eu paro. Mais? Você é um cara forte. Você é durão.

Tom acena com a cabeça. Francis o solta. Os dois caem no chão.

FRANCIS: Você sabe que eu tô preso aqui por causa da minha mãe, né? Eu podia me mandar, deixar ela aqui sozinha, mas eu não posso fazer isso. Algum dia, eu vou ter que colocá-la num asilo. Ela se empolga com essas coisas de religião, mas ela ainda não perdeu a cabeça. Eu acho que eu tenho mais uns cinco anos antes que ela perca o controle. Mais cinco anos. A mesma rotina. Ordenhando as vacas, olhando o milho crescer, ouvindo o latido dos cachorros: cinco anos, e é isso. Às vezes eu desejo uma doença inesperada. Do tipo que você encontra ela caída de manhã no chão da cozinha. A boca aberta, segurando o telefone, olhando pro nada. Eu ia ficar triste, porque eu amo a minha mãe, mas pelo menos eu não ia ter que colocar ela num asilo, né?

Tom e Francis percebem Ágatha, que estava ouvindo tudo.

ÁGATHA: Eu estava procurando por vocês dois.

FRANCIS: Onde é que a senhora estava?

ÁGATHA: Eu estava procurando por vocês. [*vendo a blusa vermelha*] Você ainda não se livrou desse trapo?

FRANCIS: Ela deu a luz a um bezerro lindo. A gente decidiu chamar de "Bundinha de Neném."

ÁGATHA: O que é isso, menino? Isso lá é nome pra bezerro?

FRANCIS: A senhora ouviu o que eu estava falando agora?

ÁGATHA: Venham comer agora. O empadão tá quente.

FRANCIS: A senhora ouviu o que eu estava falando agora?

ÁGATHA: [*friamente*] Sim! Eu ouvi e eu disse que "Bundinha de Neném" não é um bom nome para um bezerro! Anda, vamos comer, o empadão tá na mesa!

Ela sai.

FRANCIS: Ela ouviu tudo. Merda!

Tom pega a blusa vermelha, a veste e fica de pé.

FRANCIS: Mas já não foi o suficiente?

QUADRO SETE

Mesmo dia. Tom, vestindo a blusa vermelha, está pendurado de cabeça para baixo por uma corda, balançando no ar, na penumbra. Francis está segurando o outro lado da corda.

TOM: [*amedrontado*] *House music*. Estalos de saltos altos. John Galliano. Issey Miyake. *House music*. Me solta, me solta, me tira daqui! Eu não quero vomitar. Eu não quero. É só lama que fede. É só lama vermelha. A sua mãe pensa que nós estamos nos divertindo na cidade. Ela acha que estamos flertando com mães solteiras com penteados de gosto duvidoso. É só lama! É apenas a lama que fede. Mesmo que não tenha chovido por semanas, eu tenho certeza, é só lama... lama vermelha. Me tira daqui! [*se rendendo ao horror da situação*]

FRANCIS: [*gritando*] Tom! Tom!

TOM: Carcaças de vacas. Vísceras podres. Entranhas! Intestinos! Reto! Tripas! Órgãos! Eu escuto um cachorro. Francis disse que os cachorros-do-mato não atacam humanos. Mas agora eu não sou humano. Sou um pedaço de carne pendurado sobre carne podre. [*a corda desliza para baixo poucos metros*]. Não!

FRANCIS: Você me diz quando parar, cara!

TOM: [*gritando*] Me tira daqui, me tira daqui, por favor! Me solta! Me solta! Francis, solta!

FRANCIS: Só mais um pouco! Você é um cara forte! Você é um cara durão!

TOM: Me solta!

QUADRO OITO

Dia 7. Tom está usando uma jaqueta e um boné de fazendeiro. Ele está mancando.

FRANCIS: [*se olhando no espelho, borrifa perfume no pulso, olha para a própria bunda. Tom assiste. Francis se assusta*]. Vai tomar no cu, filho da puta, faz a porra do barulho quando entrar no quarto, Tom. Onde é que você tava?

TOM: Tomando conta do "Bundinha de Neném."

FRANCIS: A gente tem que se livrar desse bezerro.

TOM: Não, não. Nunca!

FRANCIS: É assim que as coisas funcionam aqui.

TOM: Não, ele é o nosso bezerro. Eu vou ligar pro veterinário. Eu pago tudo, eu faço questão.

FRANCIS: Vai pra sua cama, vai pra sua cama!

TOM: Ei, eu carreguei ele nos meus braços.

Tempo.

TOM: Eu carreguei ele nos meus braços. Até a mãe dele. Ele não consegue andar direito por causa daquela pata dele. Ele tava se tremendo todo, você tinha que ver.

FRANCIS: Vai pra sua cama!

TOM: Eu tenho medo que ela vá esmagar ele com o peso dela. Ele tava morrendo de sede. Cara, eu carreguei ele nos meus braços. Eu posso dormir aqui com você?

FRANCIS: Você já viu o tamanho da minha cama?

TOM: Por favor.

FRANCIS: Fica de roupa.

Tom deita, alguma parte do corpo encosta em Francis.

TOM: Obrigado.

FRANCIS: Você está cheirando a celeiro.

TOM: Obrigado [*rindo*]. Você tá cheirando a perfume.

FRANCIS: Tô porra nenhuma.

TOM: [*rindo*] Tá, sim. Você vai a algum casamento, Francis?

FRANCIS: Tô porra nenhuma. Achei um vidrinho velho perdido aqui no quarto.

Tempo.

TOM: Você tem o cheiro do seu irmão.

Tempo.

FRANCIS: Ele não ia aguentar nem um minuto pendurado na vala das vacas. [*orgulhoso de Tom*] Você é doido, sabia? O nome dela era Karen.

Tom se aninha em Francis e faz carinho em seus cabelos.

TOM: Você me diz quando parar, cara!

FRANCIS: Dorme.

QUADRO NOVE

Dia 9. Sara está sentada na mesa da cozinha encarando Ágatha, que está visivelmente nervosa. Sara fala um inglês ruim.

ÁGATHA: Desculpa a bagunça. Nós não somos nós mesmos nesses dias. A morte dele não era esperada. É verdade, minha filha, é uma longa viagem da cidade grande até aqui, não é? Tudo isso de ônibus. Você é muito bonita. Se eu soubesse que você vinha eu tinha feito macarrão. Engraçado, eu não sei por quê, eu não gritei quando vi você. Eu deveria. Uma mulher entra na sua casa e encontra um estranho. Uma mulher estranha que não entende absolutamente nada do que você diz a ela. Tom me falou um pouco sobre você.

Francis entra.

ÁGATHA: Olha isso, Francis! Você reconhece?

FRANCIS: Filho da puta!

SARA: *Oh, my God.*

ÁGATHA: É incrível, não é?

FRANCIS: Filho da puta!

SARA: *You're the same.*

ÁGATHA: Ela veio.

FRANCIS: Filho da puta!

ÁGATHA: Para de falar palavrão.

SARA: *It's a shock.*

ÁGATHA: Hellen, esse é Francis, meu filho mais velho.

SARA: *You're the face of your brother.*

ÁGATHA: Francis, essa é Hellen.

SARA: [*estendendo a mão*] *My sincere...* pêsames.

FRANCIS: Alguém pode me dizer o que ela tá fazendo aqui?

ÁGATHA: O que é isso, menino? Ela era namorada do seu irmão!

FRANCIS: Ela deve entender alguma coisa do que a gente tá falando.

SARA: *No, believe me, I don't understand a word.*

FRANCIS: [*para Sara*] Nada?

SARA: *Nothing. Nothing.*

Ninguém sabe o que dizer agora.

ÁGATHA: Ela não fumou ainda. Talvez ela esteja sem cigarros.

FRANCIS: Meu irmãozinho tinha bom gosto.

SARA: *Of real. I don't understand a word.*

ÁGATHA: Vá buscar o Tom.

SARA: *Oh, yes! Please, Tom. I want to see Tom.* "Buscar Tom".

FRANCIS: Ele tá alimentando as vacas.

SARA: Tom? *Feeding the... animals?* [*rindo*] Tom? *The chic Tom?*

ÁGATHA: [*tentando entender a conversa*] Eu vou buscá-lo. [*ela pega a bolsa e a capa de Sara*]

Ágatha para atrás de Sara e a puxa para seus braços. Tempo. A tristeza de Ágatha é palpável.

ÁGATHA: *Thank you. Thank you.*

SARA: *Of nothing.*

Ágatha sai. Francis aponta o dedo para que ela se aproxime. Ele compara a fotografia que carrega com ela ali na sua frente.

SARA: [*nervosa*] *Your mother, she nice. I like be in a farm. This one is so typical. Few authentical point of view. That remind me when I was a little girl. Once upon a time I go to my uncle to visit your farm in the north. My uncle was a farmer very rich with lot of lands... lot of equipment. I remember I was afraid by the... You know the big one, the king of the cow.*

FRANCIS: Você é muito mais comível pessoalmente do que na foto.

SARA: *Oh!*

FRANCIS: Tom me disse que você era gorda.

SARA: *Hey!*

FRANCIS: Não dá pra confiar no gosto de homens como ele, não. Eu acho que meu irmãozinho escolheu uma ótima mentira.

SARA: *Thank you. Sorry. I really don't understand. I'm so sorry.*

De forma ameaçadora, Francis pega o cabelo de Sara e o segura com força.

FRANCIS: Eu não sei o que você tem em mente, vindo visitar a minha mãe desse jeito, mas ela está feliz que você esteja aqui. [*puxando o cabelo de Sara com mais força*] Só tenha certeza de que ela vai continuar feliz porque você está aqui.

SARA: [*grave*] Se você quer que sua mãe continue feliz, então me larga! Me larga agora!

FRANCIS: Por que você veio?

SARA: O Tom disse que faria bem a sua mãe. É assim que o Tom é. Ele gosta de fazer as pessoas felizes. Me larga. [*Francis a solta*] Ele me disse que a única coisa que tenho que dizer é que eu sou a Hellen, falar inglês e que ele tomaria conta do resto, pronto. É isso, cadê a minha bolsa?

FRANCIS: [*soltando Sara*] Você deve ter uma dívida bem grande com ele, hein?

SARA: Que é isso? O namorado do cara acabou de morrer. Não é dívida, é compaixão.

FRANCIS: Quanto é que você deve a ele?

SARA: Dois mil. Ele me disse que a gente podia esquecer.

FRANCIS: Você é realmente comível.

SARA: Eu acho que já ouvi todos os elogios que você conhece. A propósito, eu não fumo.

Tom entra com Ágatha. Ele está realmente feliz em ver Sara. Ele está segurando um copo com leite.

TOM: Hellen!

SARA: [*preocupada em vê-lo tão machucado*] *Tom! Good morning... Afternoon... Evening! Hi!*

TOM: *Thank you. Thank you. I really appreciate what you do. I shall always be grateful for this.* [*ele oferece um copo de leite com um grande sorriso*] *Taste it! Please try.*

Sara prova o leite.

SARA: *It's really, really, really creamilly.*

FRANCIS: É a nata fresca.

SARA: [*desconcertada com a presença de Tom, mas determinada a sorrir*]. *What happened to you, Tom?*

TOM: *Nothing.*

SARA: *You look terrible.*

ÁGATHA: Nós não tínhamos tantos visitantes assim há anos.

TOM: Mas, mãe, não precisa descongelar nada, não, é só uma visita rápida.

SARA: *How you call her? Mom?*

ÁGATHA: Como assim, uma visita rápida? Não, senhor, ela vai passar a noite.

FRANCIS: [*para Sara*] Espera. Espera! Não se mexe.

Francis limpa o creme no canto da boca de Sara com o dedo. Ele lambe o dedo.

ÁGATHA: [*repreendendo Francis*] Ah, Francis, não é hora para isso!

FRANCIS: Diz pra ela que meu irmãozinho tinha bom gosto.

ÁGATHA: Francis!

FRANCIS: O que foi, mãe? Não posso fazer um elogio agora?

TOM: Ela agradece o seu elogio, Francis.

ÁGATHA: Ué, Tom, ela não disse nada e você está traduzindo?

Tempo. Constrangimento.

ÁGATHA: Tom, diz a ela que eu estou muito desapontada por ela não ter vindo ao funeral.

TOM: [*traduzindo*] *She is very disappointed...*

SARA: *The brother is a fucking crazy dog.*

TOM: [*fingindo traduzir*] Ela disse que não veio porque não tinha forças.

SARA: [*referindo-se a Francis*] *He's scares me.*

TOM: [*ainda fingindo traduzir*] Muito sofrimento.

ÁGATHA: Mas se ela está sofrendo muito, ela sofre sozinha? Que é isso, minha filha? Isso é jeito moderno de sofrer?

SARA [*para Tom*] *What's up with you, Tom? Your neck, your face, your...* pulso. [*não sabe falar pulso em inglês*]

ÁGATHA: Pergunta pra ela se ele morreu imediatamente?

TOM: *She wants to know if he died immediately.*

SARA: *I think that will cost for you more than two thousand. More the bus and the taxi.*

ÁGATHA: Ela falou "taxi". Eu entendi "taxi".

TOM: Ela chegou ao local do acidente de táxi.

ÁGATHA: Mas você não disse que ela foi correndo, Tom?

TOM: *Hellen, help me a bit!*

SARA: *You said to his brother that I was fat?*

TOM: Ela disse que não teve coragem pra reconhecer o corpo.

ÁGATHA: Pergunte se ela quer uma bebida.

SARA: *Oh, yes!*

TOM: Ela não bebe.

SARA: *I have to kill this milk taste of my mouth. Only one drink.*

ÁGATHA: Ela quer uma bebida?

TOM: Não, ela não bebe!

ÁGATHA: A gente pode beber pelo menos uma. À memória dele.

SARA: *The last bus will be tonight at nine.*

TOM: Ela agradece pela hospitalidade.

ÁGATHA: Eu tenho um conhaque no meu quarto. [*Francis estranha*] Que é, Francis? Vá buscar as taças, as nossas melhores!

Ágatha e Francis saem.

TOM: Eles trabalham da hora que o sol nasce até a hora que o sol se põe. Até mesmo aos domingos. Eles vão à missa aqui também. Daqui a pouco eu vou te apresentar ao "Bundinha de Neném". Meu bezerro. Ele ganhou esse nome em minha homenagem. É. Ele tem os olhos mais dóceis do mundo. Francis trabalhou duro pra ajudar a vaca a parir. O veterinário veio até aqui pra cuidar da pata dele. Aconteceu no momento do nascimento. A vaca estava de pé. Ele caiu no chão e quebrou a pata. Eu que carrego ele até a mãe pra cada mamada. Ele é muito pesado. Francis acha que eu sou um pouco obcecado com isso. Ah, e à noite, sou eu que aciono o alarme da fazenda.

SARA: Tom, vai pegar a sua mala agora, vai.

TOM: Quê?

SARA: Vai, pega a minha bolsa e meu casaco. A gente vai no seu carro. Eu dirijo. Vai, Tom. Vai!

TOM: Por quê?

SARA: Por quê? Por quê? Você está cheio de hematomas, cara! Você mal pode mexer os seus pulsos. Você está me falando de um bezerro com lágrimas nos olhos, Tom. Você me fez provar nata fresca, como se fosse um fazendeiro orgulhoso. Pelo amor de Deus. Você a chamou de "mãe"!

TOM: É porque ela gosta, ela fica feliz com isso.

SARA: Não, Tom, ninguém chama uma pessoa de mãe só pra fazê-la feliz. Quando eu desci do ônibus e entrei no único *fucking* táxi que tinha nessa praça, eu me ouvi dizer "Na bifurcação da estrada de terra, senhor, em frente à única casa iluminada." Meu Deus, eu pensei: "Nesse filme de terror, eu sou a grande imbecil que vai ter a cabeça arrancada quando a música parar? O que eles fizeram com você?

TOM: Se eu for embora, o Francis vai ter que vender a fazenda. São 48 vacas, você sabe o que isso significa? Muito trabalho. Ele vai ter que pôr a mãe num asilo por causa das histórias loucas dela sobre Jesus Cristo. Francis é... ele não tem ninguém, ele é um cara sozinho, porque ele rasgou o rosto de uma pessoa. Ele até comprou uma blusa pra dar pra uma menina, mas nunca chegou a entregar. Ah, a gente tá indo comprar uma máquina de ordenha a laser aqui pra fazenda.

Sara não faz ideia do que ele está falando.

SARA: Parou, parou! Realmente eu não sou sua amiga, mas nessa situação eu quero agir como se fosse.

TOM: Eles são como a minha família.

SARA: Tom! Há nove dias você nem sabia quem eles eram.

TOM: O que eu posso fazer pra você entender? As coisas aqui, Hellen, são diferentes. Elas são reais. Tem um cachorro que late e você pode ouvir. Tem um padre que fala e você ouve o sermão. Sara! Nasceu um bezerro e ele tem sangue.

SARA: Você me trouxe aqui pra eu fingir que sou a namorada de um cara morto e você está falando pra mim sobre o que é real? Tom! Ok. Seu namorado mentiu para mãe dele. Verdade! Seu namorado mentiu pra você. Verdade! É verdade também que o seu namorado sempre mentiu pra todo mundo. Algumas pessoas passam a vida tentando alcançar um décimo do talento que ele tinha para transformar alguma coisa em verdade.

Tempo.

SARA: Eu transei com ele. Eu só tô te contando isso porque não teve importância. Não tem nada de espetacular nisso, até porque todo mundo teve um caso com seu namorado. Se ele te oferecesse uma carona de moto, esse era o código. Dormir com ele era como ir à loja da esquina. Garotos e garotas. Sim, garotas também, Tom. Porque às vezes seu namorado conseguia mentir para ele mesmo. Essa foi a herança que ele deixou pra você. Era o que ele sabia fazer de melhor?

Tempo.

TOM: Quantas vezes? Quantas vezes?

Tempo.

TOM: Quantas vezes?

SARA: O quê?

TOM: Com você?

Tom está aqui, imóvel, como se estivesse carregando toda a tristeza do mundo em seus ombros. Francis retorna com a garrafa de conhaque, sem as taças.

FRANCIS: Eu não achei as taças.

TOM: [*solenemente*] Nós temos que levá-la à rodoviária.

FRANCIS: Ela acabou de chegar.

SARA: [*sarcástica*] Rodoviária?

FRANCIS: O que está acontecendo?

SARA: Rodoviária? Oh, tenho que ter cuidado para não errar de plataforma! A rodoviária é uma placa na frente de um pé-sujo!

TOM: Fala baixo!

SARA: Eu não vou passar três horas em pé, nesse buraco no fim do mundo, embaixo de uma plaquinha.

TOM: Fala em inglês!

SARA: Tudo por causa do... [*insinuante*] "Francis! Francis! Francis!"

FRANCIS: [*para Sara*] O que ele te disse? [*ele parte para cima de Tom, o agarra pelo pescoço*] O que você disse pra ela? Hein? O quê?

SARA: [*intervindo*] Larga ele, cara! Covarde! Você bate nele como um saco de pancadas e ele ainda insiste em ficar aqui? Ele não tem que dizer nada!

TOM: [*quase gritando*] Eu disse pra você em inglês! Caralho!

ÁGATHA: [*em off*] Quem está falando palavrão na minha casa?

TOM: Conhaque!

FRANCIS: [*para Tom*] A gente ainda não terminou. Conhaque, mãe!

FRANCIS: A gente vai dizer pra minha mãe que ela quer ir no túmulo do meu irmão, e aí a gente deixa ela no ônibus.

SARA: E eu vou pra onde?

FRANCIS: Pro cemitério.

TOM: [*ameaçando Sara*] Ou então pra vala das vacas.

FRANCIS: E você pode contar com ele que ele sabe o caminho direitinho.

TOM: Uma carcaça a mais ou a menos, ninguém vai notar.

FRANCIS: É isso, meu garoto! Te amo, porra!

Sara está apavorada. Ágatha volta com uma caixa de sapatos.

ÁGATHA: Sobre o que vocês estão falando?

TOM: Sobre a decoração da cozinha.

FRANCIS: É, ela adora decoração, mãe.

SARA: [*reparando na caixa de sapatos*] *Shoes! I like shoes!*

ÁGATHA: "*Shoes!*" Eu sei o que significa, sapatos. Não, Hellen, não tem sapatos aqui, não.

Ela abre a caixa e segura vários objetos.

ÁGATHA: O primeiro boletim. Aqui, o primeiro relógio. Aqui são uns cadernos, que ele escrevia umas poesias, fazia uns desenhos.

FRANCIS: [*inquieto*] Ele não levou com ele?

ÁGATHA: Não, meu filho. Ele deixou aqui.

FRANCIS: E a senhora nunca leu?

ÁGATHA: O que é isso, menino? Eu sempre respeitei a privacidade de vocês. Se meus filhos têm alguma coisa pra dizer, eles que digam na minha cara. Se meus filhos têm segredos pra guardar, eles que os guardem pra eles mesmos. Agora, se os seus segredos os fazem mentirosos, aí eles não são mais meus filhos. Você não quer ler um pra gente, Tom?

TOM: [*sombrio*] Não.

ÁGATHA: Por Hellen.

TOM: Ela não entende português.

ÁGATHA: Apenas para escutar seus pensamentos. Nós estamos aqui todos juntos.

FRANCIS: [*ameaçador*] Não, não é uma boa ideia mãe.

ÁGATHA: Tom, você também acha que não é uma boa ideia?

TOM: Eu não tenho coração para ler isso.

Ágatha, continuando seu inventário da caixa.

ÁGATHA: O primeiro carrinho. Aqui uma mecha do cabelo dele. Quando ele tinha uns 18 anos, ele tinha o cabelo comprido, tão bonito, não é, meu filho? [*Francis concorda*]

Solenemente, ela fecha a caixa e a entrega a Sara.

ÁGATHA: Toma, Hellen. Isso aqui é seu. Por direito. Traduz, Tom. Por que ela não está pegando a caixa? Por que ela não faz as coisas direito? Por que ela não veio ao funeral? Por que ela nunca mudou o olhar? Por que não há luto nas roupas dela? Por que ela não pediu o caminho do cemitério? Por que ela não me trouxe flores? Por que você não está traduzindo, Tom? Por que eu sinto que tem alguma coisa fora de ordem? Quem foi o meu filho? Quem foi ele? Ele nunca mais veio nos ver. O que nós fizemos com ele? Ele nunca mais ligou. Ele nunca mais escreveu. O que foi esse acidente? Não se morre aos 25 anos. Por que eu me sinto inútil? Uma inútil.

FRANCIS: Para, mãe!

ÁGATHA: Por que eu sinto como se a Hellen nunca tivesse existido?

SARA: *I have to take the bus. There will have only one bus and I have to take it.*

FRANCIS: [*impaciente*] Ela não quer ir fumar um cigarro?

SARA: Eu já falei que eu não fumo!

Tempo.

TOM: Francis congelou. Virou pedra. Mármore.

SARA: Eu nunca fumei, senhora.

TOM: Enfurecer. Gritar. Explodir.

FRANCIS: [*para Tom*] Vamos levá-la no ônibus.

ÁGATHA: O que está acontecendo aqui?

QUADRO DEZ

Mesma noite. Do lado de fora. Francis vem do escuro bebendo direto da garrafa de conhaque. Sara se junta a ele e pega a garrafa das suas mãos. Ela bebe. Francis pega Sara e dá um beijo nela. Ela não resiste. E eles desaparecem no escuro da noite.

TOM: [*no porta-malas do carro. No fundo, o som de chuva caindo e uma música tocando suave*] Por 37 minutos. No escuro do porta-malas do carro, eu consigo ler o brilho dos ponteiros do meu relógio. 37 minutos e um pouquinho. Eu digo esse "um pouquinho" porque é difícil determinar quando vai acabar. No momento da ejaculação? O último beijo? Quando um dos dois começar a falar de suas famílias? Ou quando eles terminarem o conhaque. A Sara estava tão bêbada, mas tão bêbada, que ela esqueceu que nosso pequeno jogo já havia acabado e ela continuava a falar em inglês com ele. *"Why do you put Tom in the trunk?"* Francis está transando com ela.

Penetrando.
Esmagando.
Escavando.
Perfurando.

Arando.
Salivando.
Babando.
Chupando.
Molhando.
Regando.
Espirrando por 37 *fucking minutes*!

O motorista do ônibus buzinou duas vezes. Francis disse a Sara que adoraria encontrá-la mais uma vez. Ela respondeu algo romântico como: "Ah, eu estou sem meus cartões de visita, mas o Tom vai te dar os meus contatos... *"and don't let him in the trunk"*. Seu irmão, ele não fala inglês. Fede a gasolina. Eu levei um cabo de pá nas minhas costelas. Meu queixo tá destruído depois do soco que ele me deu. Eu tô com frio.

QUADRO ONZE

Dia 10. Manhã. No cemitério.

ÁGATHA: Os voluntários são simpáticos. Eles não sabem o que fazer com os seus dez dedos, mas são todos, ó [*levanta o polegar*], simpáticos. Eles não sabem nem como nivelar a sepultura de um homem morto. A grama vai crescer torta. Serviço comunitário. Nosso cemitério parece uma trilha de *motocross*, mas é um serviço comunitário. Vá buscar uma pá, nós vamos dar um jeito nisso aqui.

FRANCIS: Eu achei que a senhora só queria fazer uma oração. Não sabia que a gente ia fazer jardinagem logo cedo.

ÁGATHA: Ontem eu também não pensei que fossem me fazer de boba. Anda, vá pegar uma pá. Tem uma no porta-malas do seu carro.

FRANCIS: Como é que a senhora sabe?

ÁGATHA: Ué, tem sempre uma pá no porta-malas do seu carro. Onde está o Tom? Ele foi embora com a garota? Ei, o que é? O gato comeu sua língua?

FRANCIS: Não, ele não foi embora, mãe.

ÁGATHA: Então onde ele está?

FRANCIS: Com a pá.

ÁGATHA: Eu não entendi.

FRANCIS: Eu bebi. Eu dormi. Eu esqueci ele no porta-malas do carro.

ÁGATHA: Que "caralho de asa" ele está fazendo no porta--malas do seu carro?

FRANCIS: Uma brincadeira, mãe.

ÁGATHA: Vai buscar o Tom e me traz a pá. Eu preciso falar.

FRANCIS: [*tentando ser engraçado*] Com a pá?

ÁGATHA: Você é como aquela garota de ontem. Você não sabe como ser engraçado.

FRANCIS: A senhora quer dizer a Hellen?

ÁGATHA: Para de me tratar como uma imbecil! Vá buscar o Tom e nos deixe a sós por alguns minutos. Vá você se divertir com o porta-malas!

FRANCIS: A senhora tá com raiva de mim?

ÁGATHA: Eu tive três homens na minha vida. Eu estou ao lado do pior deles. Você não precisa esperar me ver caída morta de boca aberta no chão da cozinha pra se livrar de mim, não, Francis. Você pode ir embora quando você quiser. Vai, vai embora! Você é livre, Francis. Você é livre. Vai embora hoje se você quiser. Eu prefiro me tornar uma velha doente da cabeça do que uma velha com a cabeça cheia de mentira. Filho mau!

FRANCIS: A senhora sabe que eu vou estar sempre aqui. Sempre, a senhora sabe disso.

ÁGATHA: Eu li os cadernos do seu irmão.

FRANCIS: [*gritando*] A senhora não precisava ter lido esses cadernos!

ÁGATHA: No dia que foi embora, ele deixou em cima da minha cama. Eu sabia que ele tinha deixado lá para eu ler. Eu prometi a mim mesma não encostar neles. Se o meu filho não pode me dizer o que quer me dizer na minha cara, então que guarde pra si mesmo. Se o meu filho vai embora sem me dizer por quê, eu não quero descobrir por que ele foi embora nos cadernos, não! Todas as frases que eu inventei para não abrir. Ontem à noite, eu li os três como quem lê as Escrituras quando está buscando pela verdade. Primeiro caderno: "Não nas árvores. Perigoso. Nem camisa rosa. Perigoso. Uma corrente em volta do seu pescoço. Não duas. Não olhar para as bundas nos chuveiros. Falar palavrão. Fumar. Brigar. Um cara ri de mim. Acerta ele. Cerveja. Não vinho. Dois segundos nos olhos. Não três. Encontre uma namorada. Vá jogar bola. Coma carne. Banheiro de posto na estrada. Armadilha. Garagem do professor de ginástica. Armadilha".

FRANCIS: A senhora não precisa ficar lendo esses cadernos!

ÁGATHA: Segundo caderno: "Nadar no rio até que a correnteza nos leve pra longe. Olhar para o sol até que os nossos olhos queimem. Andar descalço na chuva. Nos encontramos no outro lado do pasto. Eu amo você, Paulo." Qual era mesmo o nome do menino que você rasgou o rosto?" [*tempo*]. Último caderno: "Ontem à noite no bar, o irmão, que eu amo mais do que qualquer coisa nesse mundo, dilacerou o rosto do garoto que eu amava mais do que qualquer coisa neste mundo. Paulo, que queria contar sobre nós para o meu irmão... o irmão que eu amava mais do que qualquer coisa."

FRANCIS: Mãe, ele me disse: "Francis, eu tenho que falar com você sobre o seu irmão. É um assunto delicado. A gente tá apaixonado."

ÁGATHA: [*ainda citando os cadernos*] "Ele rasgou o lindo rosto do Paulo em pedaços. E eu não movi um dedo. Eu podia ver que ele estava sofrendo, eu podia ouvi-lo gritar, eu não o defendi. Acho que a gente nunca deve dizer a verdade. Nunca".

FRANCIS: Se eu não tivesse calado o Paulo, algum dia, alguém teria calado o seu filhinho querido. Deixa eles fazerem essas coisas na cidade, mas aqui, não! Vamos manter o pouco do que a gente tem aqui limpo!

ÁGATHA: Vá buscar o Tom!

Francis vai até o porta-malas do carro.

ÁGATHA: "Ele entrou na nossa casa. Ninguém o reconheceu. Ele sentou à nossa mesa. Ninguém o reconheceu. Ele nos falou de amor. Ninguém o reconheceu e aqueles que estavam de luto foram à sua sepultura, mas ela estava vazia."

FRANCIS: [*assim que retorna*] Ele não tá mais no porta-malas, mãe, puta que pariu. Tava vazio.

ÁGATHA: Amém, Francis. Amém.

FRANCIS: [*chamando, gritando*] Tom! Tom!

QUADRO DOZE

Mesmo dia. No milharal.

TOM: Ele tá furioso. Ele tá gritando. Ele tá me pedindo pra ficar. Ele tá procurando por mim. Me pedindo desculpas. Qualquer coisa pra me fazer ficar. Ele tá com medo. Finalmente ele está com medo. Eu posso sentir o coração dele batendo. Ele continua me chamando. Eu posso ouvi-lo se aproximar. Eu estou esperando. Mas eu não vou fazer barulho.

FRANCIS: [*off*] Tom! Tom!

TOM: Só o cachorro que responde lá longe. Nem mesmo Deus se preocupa com ele agora. Ele tá me procurando no milharal que nem um louco. As folhas secas batem no rosto dele. Ele não consegue enxergar nada. Primeiro, eu acerto com a pá na parte de trás do pescoço. Um grito abafado. Ele cai. Eu sei. Eu devia ter acertado ele de frente. Mas eu não ia conseguir fazer isso. Não. Ele se parece muito com você. O sol brilha mais forte agora. Eu acerto ele mais uma vez. Ele desmaia. Respira, cara. Você não é o durão? Respira, caralho! Eu chuto pra ver se ele continua vivo. Ele ainda tá se mexendo. Um coelho. Francis agora é um coelho. Ele tá sangrando pela boca. As minhas mãos na sua boca. Eu abro. Abro mais e mais. "Você me diz quando parar, cara. Você me diz quando parar". Ao nosso redor, as árvores têm as folhas cor de ouro. Eu vou dizer a sua mãe que o Francis foi embora pra cidade pra ficar com a Sara.

Blecaute.

Tom e o barro – o complexo primitivo

O ano de estreia da montagem brasileira de *Tom na fazenda* foi marcado pelo evidenciamento de uma expressiva onda conservadora que começou a se espalhar pelo Brasil e por tantos outros países como reação às liberdades conquistadas na virada do século. Em 2017, houve golpe político, movimentos de xenofobia, limpeza étnica, censura às artes, genocídio em comunidades pobres e indígenas, desmatamento desenfreado, crises econômica, política e ética, repressão das expressões "pagãs", perseguições religiosas, homofobia. É nesse contexto que cai em nossas mãos *Tom na fazenda*, do canadense Michel Marc Bouchard.

Fui convidado para dirigir a peça pelo amigo Armando Babaioff, um ator com quem tive a oportunidade de trabalhar diversas vezes no teatro. Nosso primeiro trabalho juntos, em 2001, teve sua dramaturgia inspirada no romance inglês *Maurice*, de Edward Morgan Foster, sobre um jovem aristocrata da alta burguesia rural inglesa em descoberta e aceitação de sua sexualidade numa Inglaterra eduardiana rígida e austera, contexto em que qualquer ato de "perversão", uma vez público, poderia abalar profundamente seus planos de futuro. O idílio de Maurice e seu amante termina quando um amigo próximo é preso, julgado e condenado por manter relações com o camareiro de um hotel.

Agora, 16 anos depois, estamos diante de Tom, o jovem publicitário bem resolvido, que vê na morte acidental do namorado a oportunidade de conhecer sua família, nunca antes apresentada pelo falecido. Tom sai da cidade e vai à fazenda num movimento contrário ao de Maurice que deixou o ambiente rural para estudar em Cambridge. Ao chegar na casa, descobre que a sogra nunca tinha ouvido falar de sua existência, e pior: ela está a espera de Helen, a namorada do seu filho morto, que, na opinião dela, não deveria ter faltado ao funeral. A história da falsa namorada foi tramada pelo próprio namorado de Tom, com a ajuda do irmão Francis, no intuito de proteger a mãe da "devastadora" notícia de que seu filho era gay. Se em *Maurice* as relações se complexificam por um contexto social opressor, em *Tom na fazenda* a complexidade se constrói pela truculência de um único personagem, um ente da família, um jovem e solitário homem que não sabe lidar com a orientação sexual do irmão, ou seja, do outro.

Tom na fazenda traz o problema para dentro das casas, para o núcleo familiar mais íntimo. No passado, na impossibilidade de tolerar a homossexualidade do irmão, Francis acaba por cometer um crime atroz naquela comunidade rural: a vítima é um garoto de 16 anos que se diz apaixonado por seu irmão. Desse modo, Francis age como guardião da heteronormatividade, mentindo, enganando, fingindo e ferindo, no intuito de sufocar a natureza distinta do irmão mais novo. No entanto, a própria diferença entre eles gera muito mais do que intolerância. Francis parece ter com o irmão uma relação de admiração carregada de afeto. Dividia com ele a dor da morte do pai, a lida na fazenda, momentos de lazer e descontração. É o irmão gay que insiste em levá-lo às aulas de dança de salão e o estimula a arrumar uma namorada. Mas quando esse irmão se apaixona por um outro homem e se afasta de Francis para viver esse amor, o primogênito rasga a boca do rapaz num ato impensado que envolve raiva, medo, rejeição e vingança.

Anos depois, quando Tom chega à fazenda, Francis está diante de sua memória: aquele que ali dorme no mesmo quarto que ele era também amado por seu irmão. Mas, na ausência desse, Tom parece aos poucos ocupar o lugar deixado pelo morto: por nove dias eles conversam sobre suas vidas, trabalham juntos, dançam juntos, compartilham segredos e fazem a quatro mãos o parto de um bezerro que nasce com a pata quebrada. Quando a relação entre eles parece ganhar uma espécie de irmandade, chega à fazenda, a pedido da mãe, a falsa namorada do irmão morto. A presença da mulher é desestabilizadora, uma vez que agora Tom é quem não consegue lidar com o interesse de Francis pela garota e acaba por cometer um ato violento de vingança. Será esse o motivo?

Todo o movimento que fizemos ao montar *Tom na fazenda* foi o de relativizar as verdades instituídas a partir dos nossos processos de formação social e cultural. Para nós, sempre foi ponto de convergência a ideia de provocar reconhecimento e identificação, mas não só ao que é belo e bom. Vejo um movimento nessa corrente conservadora – e também em seus opositores mais radicais –, a necessidade de polarizar e classificar. O que mais me interessou no texto de Bouchard não foi apenas a temática, mas a forma complexa com que ele a aborda, tridimensionalizando os personagens num grau de profundidade tão potente que nos torna incapazes de emitir afirmações e certezas. É sempre mais fácil julgar e classificar o outro (incluindo os personagens) como o bom ou o mau, o belo ou o feio, o bruto ou o sensível, o algoz ou a vítima, o simpatizante ou o homofóbico. Me pergunto quantas gradações podem existir entre um padrão e outro. Para isso foi necessário adotar uma encenação que valorizasse o não-dito, o que não se sabe, que não revelasse por inteiro, que fosse capaz de abrir um campo vasto e misterioso de leituras possíveis sem defender um único ponto de vista. Que não materializasse a fazenda, mas a complexidade dos seus moradores.

Foi nesse sentido que pensamos no barro (terra e água) como principal elemento da cenografia. Dois elementos naturais que unidos possuem a textura e a cor necessárias para materializar o chão da fazenda numa primeira camada, mas também a sujeira escondida pelo irmão, os hematomas que Tom adquire nas intermináveis lutas corporais com Francis, o esmaecimento das características individuais, uma vez que o barro depositado sobre o piso vai subindo no corpo dos atores à medida que a peça avança. Isso sem falar na ancestralidade da relação homem/barro: ver os personagens terminarem a peça completamente enlameados, com matizes da terra secando e craquelando pelo corpo, pode aludir ao retorno do homem ao barro, à terra e ao primitivo. O cenário assinado, por Aurora dos Campos, conta ainda com uma lona preta de obra sobre o piso com a função primeira de amparar o barro, produzindo, além disso, uma sonoridade a cada movimento. Não há como se mover sem fazer barulho, é como pisar em um campo vigiado onde tudo que se faz é monitorado por alguém. Sacos de areia e alguns baldes pretos compõem a cenografia como se fossem gavetas que escondem os objetos que entram e saem de cena. Uma única lâmpada pendente no centro do palco emoldura a casa vazia como metáfora da solidão dos personagens, elemento proposto pelo iluminador Tomás Ribas, que usa a luz para reforçar a aridez e o vazio evidenciado pela atmosfera da peça. A trilha sonora, assinada por Marcelo H., faz o mesmo movimento, além de potencializar as tensões e as suspensões propostas pela encenação, criando paisagens sonoras que ajudam a desdobrar as possíveis leituras da imaterialidade da peça, criando outras camadas.

O elenco original contou com os atores Gustavo Vaz, no papel do irmão, e do próprio Babaioff, no papel do Tom, e com as atrizes Kelzy Ecard, interpretando a mãe/sogra, e Camila Nhary, como a falsa namorada. No processo de criação da encenação, coloquei desde o princípio os atores no centro da concepção. Desde quando li o texto pela primeira vez disse ao elenco que via ali uma peça sem cenário, sem mobílias, sem apoios físicos. Há algo desconfortável nisso que por si só já me parecia potencializar as relações propostas por Bouchard: uma fazenda de certa forma inóspita, difícil de se posicionar dentro dela, de encontrar conforto. Num lugar sem assentos não se pode relaxar. Uma vez num palco vazio, começamos a construir um repertório gestual para cada personagem com base no estudo que fazíamos da peça. Começamos a criar algo para além do gesto ordinário e cotidiano previsto pela coerência do texto, que pudesse abrir os sentidos, subjetivar a comunicação com os espectadores.

Desse processo cada ator foi construindo um repertório gestual flexível e diverso capaz de ser absorvido pelas ações dos personagens ao longo de toda a peça. Isso funcionou como uma espécie de "gesto-bordão" que, de alguma forma, caracterizava cada personagem. Ações como assoviar, cuspir no chão ou estalar os dedos são gestos de teor ordinário que caracterizam o Francis como o homem que é. Aos poucos, Tom, numa sacada inteligente do próprio Babaioff, vai assumindo os gestos do cunhado e se tornando como ele. Em contrapartida, o repertório do Tom é predominantemente de uma natureza mais subjetiva, como despencar sobre a lama, descer as calças até o calcanhar ou cobrir o rosto. Não se pode decodificar esses gestos numa leitura superficial, assim como o próprio Tom e suas múltiplas interlocuções durante a peça: muitas vezes não sabemos com quem ele está falando, se é com os outros personagens ou com o namorado morto ou consigo mesmo. Em várias falas caberiam duas ou mais interlocuções. Ou seja, não sabemos com quem ele fala e o que escutam aqueles a sua volta. Levei isso também ao campo das ações físicas, criando momentos em que os outros personagens também não veem o que Tom faz. Esse dispositivo acabou abrindo um espaço ainda mais potente para a criação da corporalidade do personagem título. Mas ainda há uma terceira natureza gestual: lavar as mãos nos baldes, por exemplo, é uma ação repetida inúmeras vezes pela mãe e pelo cunhado. Esse gesto tem diversas camadas de leitura, desde algo mais cotidiano (uma vez que há lama por todo lado, então há o que lavar) a talvez uma leitura mais psicológica como metáfora de quem não quer se envolver, participar ou saber a verdade. Isso acontece também quando Tom e Francis dançam uma cúmbia no curral. Na coreografia de Toni Rodrigues não sabemos ao certo se aquilo é uma dança, uma brincadeira de criança ou uma luta greco-romana.

Entretanto, todo investimento nos aspectos imagéticos e corporais surgiu do desvendamento desses personagens e de toda sua complexidade. Houve um momento muito bonito no processo: quando descobrimos que não haveria respostas para todas as perguntas e que a dúvida e o mistério poderiam ser nossos aliados. Perguntas como: "O que Francis sente por Tom?", "Por que Tom não foi embora após o funeral?", "O quanto essa mãe sabe sobre a sexualidade do filho?", "Porque Tom rasga a boca do Francis e assume seu lugar naquela fazenda?" Claro, podemos especular muitas respostas, mas não há no texto uma resposta única e verdadeira capaz de dar conta de tudo. Isso é maravilhoso!

Aos poucos fomos nos contaminando com nossas perguntas, impressões e intuições. Meu maior trabalho foi me manter atento ao que o processo dizia, e ele disse: "não abra mão disso!", "vá mais fundo", "não se envolva com isso", "deixa espernear", "não interfira nisso agora", "preciso de mais", "preciso de menos", "preciso de nada". Antes de tudo, acredito numa relação honesta e justa (no sentido de "sem sobras") no processo de criação. Fizemos um espetáculo que tem o nosso tamanho, as nossas questões e que, de certa forma, tenta materializar o complexo que somos, o primitivo que somos, o barro para o qual voltaremos!

Rodrigo Portella

© Editora de Livros Cobogó, 2017
© Michel Marc Bouchard

Texto
Michel Marc Bouchard

Tradução
Armando Babaioff

Editora-chefe
Isabel Diegues

Editora
Fernanda Paraguassu

Gerente de produção
Melina Bial

Revisão final
Eduardo Carneiro

Projeto gráfico e diagramação
Mari Taboada

Capa
Bruno Dante

Foto da capa
Renato Mangolin

CIP-BRASIL. CATALOGAÇÃO-NA-FONTE
SINDICATO NACIONAL DOS EDITORES DE LIVROS, RJ

B774t Bouchard, Michel Marc
Tom na fazenda / Michel Marc Bouchard ; tradução Armando Babaioff.- 1. ed.- Rio de Janeiro: Cobogó, 2017.
100 p. ; 19 cm. (Dramaturgia)

ISBN 978-85-5591-046-3
1. Teatro canadense. I. Babaioff, Armando. II. Título. III. Série.

17-46796 CDD: 819.12
CDU: 821.111(71)-2

Nesta edição, foi respeitado o Acordo Ortográfico da Língua Portuguesa de 1990, que entrou em vigor no Brasil em 2009.

Todos os direitos em língua portuguesa reservados à
Editora de Livros Cobogó Ltda.
Rua Gen. Dionísio, 53, Humaitá
Rio de Janeiro – RJ – Brasil – 22271-050
www.cobogo.com.br

COLEÇÃO DRAMATURGIA

ALGUÉM ACABA DE MORRER LÁ FORA, de Jô Bilac

NINGUÉM FALOU QUE SERIA FÁCIL, de Felipe Rocha

TRABALHOS DE AMORES QUASE PERDIDOS, de Pedro Brício

NEM UM DIA SE PASSA SEM NOTÍCIAS SUAS, de Daniela Pereira de Carvalho

OS ESTONIANOS, de Julia Spadaccini

PONTO DE FUGA, de Rodrigo Nogueira

POR ELISE, de Grace Passô

MARCHA PARA ZENTURO, de Grace Passô

AMORES SURDOS, de Grace Passô

CONGRESSO INTERNACIONAL DO MEDO, de Grace Passô

IN ON IT | A PRIMEIRA VISTA, de Daniel MacIvor

INCÊNDIOS, de Wajdi Mouawad

CINE MONSTRO, de Daniel MacIvor

CONSELHO DE CLASSE, de Jô Bilac

CARA DE CAVALO, de Pedro Kosovski

GARRAS CURVAS E UM CANTO SEDUTOR, de Daniele Avila Small

OS MAMUTES, de Jô Bilac

INFÂNCIA, TIROS E PLUMAS, de Jô Bilac

NEM MESMO TODO O OCEANO, adaptação de Inez Viana do romance de Alcione Araújo

NÔMADES, de Marcio Abreu e Patrick Pessoa

CARANGUEJO OVERDRIVE, de Pedro Kosovski

BR-TRANS, de Silvero Pereira

KRUM, de Hanoch Levin

MARÉ/PROJETO bRASIL, de Marcio Abreu

AS PALAVRAS E AS COISAS, de Pedro Brício

MATA TEU PAI, de Grace Passô

ÃRRÃ, de Vinicius Calderoni

JANIS, de Diogo Liberano

NÃO NEM NADA, de Vinicius Calderoni

CHORUME, de Vinicius Calderoni

GUANABARA CANIBAL, de Pedro Kosovski

TOM NA FAZENDA, de Michel Marc Bouchard

OS ARQUEÓLOGOS, de Vinicius Calderoni

ESCUTA!, de Francisco Ohana

ROSE, de Cecilia Ripoll

O ENIGMA DO BOM DIA, de Olga Almeida

A ÚLTIMA PEÇA, de Inez Viana

BURAQUINHOS OU O VENTO É INIMIGO DO PICUMÃ, de Jhonny Salaberg

PASSARINHO, de Ana Kutner

INSETOS, de Jô Bilac

A TROPA, de Gustavo Pinheiro

A GARAGEM, de Felipe Haiut

SILÊNCIO.DOC,
de Marcelo Varzea

PRETO, de Grace Passô,
Marcio Abreu e Nadja Naira

MARTA, ROSA E JOÃO,
de Malu Galli

MATO CHEIO, de Carcaça
de Poéticas Negras

YELLOW BASTARD,
de Diogo Liberano

SINFONIA SONHO,
de Diogo Liberano

SÓ PERCEBO QUE ESTOU
CORRENDO QUANDO VEJO QUE
ESTOU CAINDO, de Lane Lopes

SAIA, de Marcéli Torquato

DESCULPE O TRANSTORNO,
de Jonatan Magella

TUKANKÁTON +
O TERCEIRO SINAL,
de Otávio Frias Filho

SUELEN NARA IAN,
de Luisa Arraes

SÍSIFO, de Gregorio Duvivier
e Vinicius Calderoni

HOJE NÃO SAIO DAQUI,
de Cia Marginal e Jô Bilac

PARTO PAVILHÃO,
de Jhonny Salaberg

A MULHER ARRASTADA,
de Diones Camargo

CÉREBRO_CORAÇÃO,
de Mariana Lima

O DEBATE, de Guel Arraes
e Jorge Furtado

BICHOS DANÇANTES,
de Alex Neoral

A ÁRVORE, de Silvia Gomez

CÃO GELADO, de Filipe Isensee

PRA ONDE QUER QUE EU VÁ SERÁ
EXÍLIO, de Suzana Velasco

DAS DORES, de Marcos Bassini

VOZES FEMININAS — NÃO EU,
PASSOS, CADÊNCIA,
de Samuel Beckett

PLAY BECKETT — UMA PANTOMIMA
E TRÊS DRAMATÍCULOS (ATO
SEM PALAVRAS II | COMÉDIA/PLAY |
CATÁSTROFE | IMPROVISO DE OHIO),
de Samuel Beckett

MACACOS — MONÓLOGO
EM 9 EPISÓDIOS E 1 ATO,
de Clayton Nascimento

A LISTA, de Gustavo Pinheiro

SEM PALAVRAS, de Marcio Abreu

CRUCIAL DOIS UM, de Paulo Scott

MUSEU NACIONAL
[TODAS AS VOZES DO FOGO],
de Vinicius Calderoni

KING KONG FRAN, de Rafaela
Azevedo e Pedro Brício

PARTIDA, de Inez Viana

COLEÇÃO DRAMATURGIA ESPANHOLA

A PAZ PERPÉTUA, de Juan Mayorga | Tradução Aderbal Freire-Filho

ATRA BÍLIS, de Laila Ripoll | Tradução Hugo Rodas

CACHORRO MORTO NA LAVANDERIA: OS FORTES, de Angélica Liddell | Tradução Beatriz Sayad

CLIFF (PRECIPÍCIO), de José Alberto Conejero | Tradução Fernando Yamamoto

DENTRO DA TERRA, de Paco Bezerra | Tradução Roberto Alvim

MÜNCHAUSEN, de Lucía Vilanova | Tradução Pedro Brício

NN12, de Gracia Morales | Tradução Gilberto Gawronski

O PRINCÍPIO DE ARQUIMEDES, de Josep Maria Miró i Coromina | Tradução Luís Artur Nunes

OS CORPOS PERDIDOS, de José Manuel Mora | Tradução Cibele Forjaz

APRÈS MOI, LE DÉLUGE (DEPOIS DE MIM, O DILÚVIO), de Lluïsa Cunillé | Tradução Marcio Meirelles

COLEÇÃO DRAMATURGIA FRANCESA

É A VIDA, de Mohamed El Khatib | Tradução Gabriel F.

FIZ BEM?, de Pauline Sales | Tradução Pedro Kosovski

ONDE E QUANDO NÓS MORREMOS, de Riad Gahmi | Tradução Grupo Carmin

PULVERIZADOS, de Alexandra Badea | Tradução Marcio Abreu

EU CARREGUEI MEU PAI SOBRE MEUS OMBROS, de Fabrice Melquiot | Tradução Alexandre Dal Farra

HOMENS QUE CAEM, de Marion Aubert | Tradução Renato Forin Jr.

PUNHOS, de Pauline Peyrade | Tradução Grace Passô

QUEIMADURAS, de Hubert Colas | Tradução Jezebel De Carli

COLEÇÃO DRAMATURGIA HOLANDESA

EU NÃO VOU FAZER MEDEIA, de Magne van den Berg | Tradução Jonathan Andrade

RESSACA DE PALAVRAS, de Frank Siera | Tradução Cris Larin

PLANETA TUDO, de Esther Gerritsen | Tradução Ivam Cabral e Rodolfo García Vázquez

NO CANAL À ESQUERDA, de Alex van Warmerdam | Tradução Giovana Soar

A NAÇÃO — UMA PEÇA EM SEIS EPISÓDIOS, de Eric de Vroedt | Tradução Newton Moreno

2024

1ª reimpressão

Este livro foi composto em Univers.
Impresso pela Imos Gráfica e Editora
sobre papel Polen Bold LD 70g/m².